定期テスト **ズバリよくでる** 英語 1年 教育出

もくじ

取り外してお使いください 赤シート+直前チェックBOOK,別冊解答

※全国の定期テストの標準的な出題範囲を示しています。学校の学習進度とあわない場合は,「あなたの学校の出題範囲」欄に出題範囲を書きこんでお使いください。

Step 1 基本チェック　Springboard 1～4

5分

赤シートを使って答えよう！

❶［あいさつ］　［　］に入れるのに適切なものを選ぼう。

□ ❶ ぼくはボブです。　［ ㋒ ］ Bob.
□ ❷ 私は音楽が好きです。　［ ㋐ ］ music.
□ ❸ 私はテニスをします。　［ ㋑ ］ tennis.

㋐ I like　㋑ I play　㋒ I'm

❷［さまざまな会話］　次の会話がなりたつように適切なものを選ぼう。

□ ❶ What do you want to be?　［ ㋑ ］
□ ❷ What would you like?　［ ㋐ ］

㋐ I'd like a cup of tea.　㋑ I want to be a baseball player.

❸［音声から文字へ］　次の日本語に合う単語を選んで書こう。

□ ❶ ぼうし ［ cap ］　□ ❷ 大きい ［ big ］　□ ❸ 赤 ［ red ］

［ red　cap　big ］

❹［さまざまな表現］　文の意味として適切なものを選ぼう。

□ ❶ What sports do you like?　［ ㋑ ］
□ ❷ Repeat after me.　［ ㋒ ］　□ ❸ I'm sorry.　［ ㋐ ］

㋐ ごめんなさい。　㋑ どんなスポーツが好きですか。
㋒ 私のあとについて言ってください。

解答欄

❶
❷
❸

❶
❷

❶
❷
❸

❶
❷
❸

POINT

❶［あいさつ］　自己紹介と好きなものを言えるようにしよう。

・I'm Ono Ayaka. I like taking pictures.　［私は小野あやかです。私は写真を撮ることが好きです。］

❷［さまざまな会話］　会話から場面を想像してみよう。

・What would you like? ── I'd like a cup of coffee.
［何になさいますか。── コーヒーを１杯いただきたいのですが。］（注文をしている場面）

❸［音声から文字へ］　さまざまな単語の発音とつづりに注意しよう。

cat［ネコ］　pen［ペン］　hot［熱い］　three［３］　map［地図］

❹［さまざまな表現］　小学校で学んだ表現や，先生が使う表現・役に立つ表現を覚えよう。

・Where do you want to go?　［あなたはどこに行きたいですか。］
・Sit down, please.　［すわってください。］/ Here you are.　［はい，どうぞ。］

Step 2 予想問題 Springboard 1〜4

10分

1 ①〜⑥は単語の意味を書き，⑦〜⑭は日本語を英語になおしなさい。

□① apple (　　　　) □② sun (　　　　)
□③ juice (　　　　) □④ Japan (　　　　)
□⑤ Wednesday (　　　　) □⑥ November (　　　　)
□⑦ 地図 ＿＿＿＿ □⑧ イヌ ＿＿＿＿
□⑨ ギター ＿＿＿＿ □⑩ 赤 ＿＿＿＿
□⑪ 野球 ＿＿＿＿ □⑫ 10 ＿＿＿＿
□⑬ 土曜日 ＿＿＿＿ □⑭ 7月 ＿＿＿＿

2 次の語で最も強く発音する部分の記号を書きなさい。

□① ba-nan-a（ア イ ウ） (　　)
□② um-brel-la（ア イ ウ） (　　)
□③ vi-o-lin（ア イ ウ） (　　)

3 (　)内に入れるのに最も適切な語を，㋐〜㋓から選びなさい。

点UP

□① Nice to (　　) you. □② (　　) are you?
□③ I (　　) sushi. □④ I'm fine, (　　) you.

㋐ thank　㋑ meet　㋒ like　㋓ How

4 次の文の意味として適切なものを下から選び，記号で答えなさい。

□① What can you do? (　　) □② What do you want to be? (　　)
□③ Stand up, please. (　　) □④ Get into pairs. (　　)
□⑤ I have a question. (　　) □⑥ Excuse me. (　　)

㋐ 立ってください。　㋑ ペアになってください。
㋒ すみませんが。　㋓ あなたは何になりたいですか。
㋔ あなたは何ができますか。　㋕ 質問があります。

ヒント

1
③飲み物。
⑤曜日。
⑥月。
⑨カタカナ語の音とつづりの違いに注意。
⑭lとrの間違いに気をつける。

単語のスペルは何度も書いて覚えよう。

2 ミスに注意
①③のように「日本語になった英語」の発音・アクセントに特に注意。

3
①初めて会う人へのあいさつ。「よろしくね。」や「お会いできてうれしいです。」のように訳される。
②「お元気ですか。」

4
①②whatは「何」と聞くときに使う。

教科書 pp.12-21

Step 1 基本チェック　Lesson 1 Hello, New Friends

5分

赤シートを使って答えよう！

❶ [be動詞の文]

- □ ① 私はリサです。 I [am] Lisa.
- □ ② あなたはオーストラリア出身ですか。
  [Are] [you] from Australia?

❷ [一般動詞の文]

- □ ① 私はサッカーが好きです。 I [like] soccer.
- □ ② あなたはサッカーが好きですか。 [Do] [you] like soccer?

❸ [疑問詞を使ったさまざまな疑問文]

- □ ① あなたの名前は何ですか。 [What] is your name?
- □ ② あなたはどこの出身ですか。 [Where] are you from?

❹ [お願いするとき]

- □ ① お茶をください。 Tea, [please].

解答欄

❶ ①

②

❷ ①

②

❸ ①

②

❹ ①

POINT

❶ [be動詞の文] (is, are, amの動詞をbe動詞と言う)

英語では語順は主語(I, youなど)→動詞(am, areなど)→その他となる。

・I am from Sydney. [私はシドニー出身です。]

・Are you from Canada? [あなたはカナダ出身ですか。] (疑問文)

❷ [一般動詞の文] (主語の動作を表す語や，気持ちや心の働きを表す語を一般動詞と言う)

・I like science. [私は理科が好きです。]

・Do you like science? [あなたは理科が好きですか。] (疑問文)

❸ [疑問詞を使ったさまざまな疑問文] (what「何」, who「だれ」, where「どこ」, when「いつ」, how「どのようにして」やwhat＋名詞「どんな＋名詞」, how＋形容詞「どれくらい＋形容詞」など)

・What is your favorite subject? [あなたのいちばん好きな教科は何ですか。]

・When is your birthday? [あなたの誕生日はいつですか。]

・How many books do you have? [あなたはどれくらい多くの本を持っていますか。]

❹ [お願いするとき] (pleaseをつける)

・Please play the guitar for me. [私のためにギターを演奏してください。]

Step 2 予想問題 Lesson 1 Hello, New Friends

20分 (1ページ10分)

1 ①〜⑧は単語の意味を書き，⑨〜⑭は日本語を英語になおしなさい。

□ ① subject ( ) □ ② manga ( )
□ ③ writer ( ) □ ④ dear ～ ( )
□ ⑤ Sydney ( ) □ ⑥ surfing ( )
□ ⑦ octopus ( ) □ ⑧ yourself ( )
□ ⑨ お気に入りの，大好きな ＿＿＿ □ ⑩ 何か ＿＿＿
点UP □ ⑪ おもしろい ＿＿＿ □ ⑫ 自由にできる，自由な ＿＿＿
□ ⑬ 人気がある ＿＿＿ □ ⑭ しかし ＿＿＿

ヒント

1
②日本語が英語になった言葉。
④英語で手紙を書くときに相手の名前の前につける語。
⑦海にいる生物。
⑫後ろにtimeを続けると「自由にできる時間(＝ひまな時間)」という意味になる。

2 次の語で最も強く発音する部分の記号を書きなさい。

□ ① pi-an-o
ア イ ウ
( )

□ ② ex-cit-ing
ア イ ウ
( )

□ ③ spa-ghet-ti
ア イ ウ
( )

2 ミスに注意
①③のように「日本語になった英語」の発音・アクセントに特に注意。

3 日本語に合う英文になるように＿＿に適切な語を書きなさい。

点UP □ ① 私をカナと呼んでください。
Please ＿＿＿ ＿＿＿ Kana.

□ ② 私は７時に起きます。
I ＿＿＿ ＿＿＿ at seven.

□ ③ 私は10時に寝ます。
I ＿＿＿ ＿＿＿ bed at ten.

□ ④ 私は自由にできる時間にはピアノをひきます。
I play the piano in my ＿＿＿ ＿＿＿.

3
③「寝る」は「ベッドに行く」という言い方をする。

❹ 次の文を(　)内の指示にしたがって書きかえるとき，＿＿に適切な語を書きなさい。

点UP □ ❶ My favorite food is pizza.（下線部をたずねる文に）

＿＿＿＿ is your favorite food?

□ ❷ I like cats.（何の動物が好きかをたずねる文に）

＿＿＿＿ ＿＿＿＿ do you like?

❺ 次の文に対する応答として適切なものを，(　)内の指示にしたがって英語で書きなさい。

□ ❶ Where do you live?（自分の住んでいる都道府県を答える）

＿＿＿＿＿＿＿＿

□ ❷ Who is your favorite teacher?
（likeを使って，Ms. King「キング先生」と答える）

＿＿＿＿＿＿＿＿

❻ 次の英文を日本語にしなさい。

□ ❶ How old is your father?

(　　　　　　　　　　　　　　　　)

□ ❷ When is your mother's birthday?

(　　　　　　　　　　　　　　　　)

❼ 次の日本語を英文にしなさい。

点UP □ ❶ 私はテニスをすることが好きです。

＿＿＿＿＿＿＿＿

□ ❷ それはわくわくします。

＿＿＿＿＿＿＿＿

ヒント

❹
❶ pizzaは「何」を使ってたずねる。
❷ animal「動物」

❺
❶「～に住む」はlive in ～と表す。

❻
❶ How oldは年齢をたずねるときに使う。

❼
❶ playing tennis「テニスをすること」。

動詞に-ingをつけると「～すること」の意味になるよ。

Step 3 予想テスト Lesson 1 Hello, New Friends

30分 /100点 目標 80点

❶ 日本語に合う英文になるように，____に適切な語を書きなさい。 知 20点（各完答5点）

❶ 私はこのマンガが好きです。それはとてもおもしろいです。
I _____ this manga. It's very _____.

❷ あなたは何時に寝ますか。 _____ _____ do you go to bed?

❸ すしは日本でとても人気があります。 Sushi is _____ _____ in Japan.

❹ 私はギターを弾きますが，ピアノは弾きません。
I play the guitar, _____ _____ _____ play the piano.

❷ 日本語に合う英文になるように，(　)内の語句を並べかえなさい。 知 10点（各5点）

❶ あなたの英語の先生はだれですか。 (is / who / your / teacher / English)?

❷ あなたは帽子をいくつ持っていますか。 (caps / do / how / you / many / have)?

❸ 次の問いに対する最も適切な答えを下から選び，記号で答えなさい。 知 18点（各3点）

❶ What's your favorite sport? (　　)
❷ What do you do on Sundays? (　　)
❸ When is your birthday? (　　)
❹ Who is your favorite writer? (　　)
❺ How are you? (　　)
❻ What time do you get up? (　　)

㋐ At 6:30 a.m.　㋑ It's May 7th.　㋒ I like soccer.
㋓ I play the guitar.　㋔ I like Shigematsu Kiyoshi.　㋕ I'm fine, thank you.

❹ 次の文を読んで，あとの問いに答えなさい。 知 表 27点

I am Tani Kentaro. ①(　)(　) me Kenta.
②(　)(　)(　) baseball?
③(baseball / like / I / playing).
I want to join the baseball team.
④My favorite subject is P.E. It's exciting.

❶ 下線部①が「～と呼んでください」の意味になるように，(　)に適切な語を書きなさい。 （完答7点）

❷ 下線部②が「あなたは～が好きですか」の意味になるように，(　)に適切な語を書きなさい。 （完答7点）

3 下線部③の( )内の語句を並べかえて，正しい英文にしなさい。 (5点)

4 下線部④が答えとなるように，「あなたのいちばん好きな教科は何ですか。」という意味の疑問文を書きなさい。 (8点)

5 サトウ エリカさんが英語で自己紹介をします。表と( )内の指示にしたがって日本語の内容を伝える英語を書きなさい。表

25点（各5点）

1 名前 （Iで始める）
2 出身 （都道府県名や都市名で）
3 するのが好きなこと （playingを使って）
4 3について一言
5 いちばん好きな教科 （favoriteを使って）

Hello.で始める。
①サトウ エリカ。エリと呼んでください。
②東京 ③バスケットボールをするのが好き。
④それはわくわくします。 ⑤音楽。
Thank you.で終える。

1	1					
	2					
	3					
	4					
2	1 ?					
	2 ?					
3	1	2	3	4	5	6
4	1					
	2					
	3 .					
	4					
5	1 Hello.					
	2					
	3					
	4					
	5 Thank you.					

Step 1 基本チェック　Lesson 2 Talking with Friends

5分

■ 赤シートを使って答えよう！

解答欄

❶ [she, he, itなどの使い方]

□ ❶ こちらはトムです。彼は料理人です。 This is Tom. [He] is a cook.

❷ [thisとthatの使い方]

□ ❶ こちらは私の母です。 [This] [is] my mother.

❸ [we, you, theyの使い方]

□ ❶ 私たちは同級生です。 [We] are classmates.

□ ❷ この少年たちはトムとジムです。彼らは私の友だちです。
These boys are Tom and Jim. [They] are my friends.

❹ [canの意味と用法]

□ ❶ 兄はじょうずに泳げますが，私は泳げません。
My brother [can] swim well, but I [cannot[can't]] swim.

❺ [someとany]

□ ❶ 質問はありますか。――はい。私はいくつか質問があります。
Do you have [any] questions?
―― Yes. I have [some] questions.

POINT

❶ [she, he, itなどの使い方] she「彼女は[が]」, he「彼は[が]」, it「それは[が]」の意味。

・That is Ms. King. She is an English teacher. [あちらはキング先生です。彼女は英語の先生です。]

・Is she from Australia? [彼女はオーストラリア出身ですか。]

❷ [thisとthatの使い方] thisは自分の近く，thatは自分から離れたところの1人[1つのもの]について述べるときに使う。

・That is your dog. [あれはあなたのイヌです。]　・Is that your dog? [あれはあなたのイヌですか。]

❸ [we, you, theyの使い方] we「私たちは[が]」, youは「あなた[あなたがた]は[が]」, they「彼らは[が]」の意味。

・Good morning, everyone. How are you?
[みなさん，おはようございます。(あなたがたは)ごきげんいかがですか。]

❹ [canの意味と用法] canは「～することができる」の意味。

・I can play chess. Can you play chess?
[私はチェスをすることができます。あなたはチェスをすることができますか。]

❺ [someとany] some「いくつか」「いくらか」の意味で，数えられる名詞と数えられない名詞の両方に用いられる。anyは「(数に関係なく)どんな～(でも)」の意味。

・I want some water. [私はいくらかの水がほしいです。]

・I don't have any pets. [私はどんなペットも[ペットを1匹も]飼っていません。]

Step 2 予想問題 Lesson 2 Talking with Friends

❶ ①〜⑩は単語の意味を書き，⑪〜⑳は日本語を英語になおしなさい。

□ ① meter ( )　□ ② fridge ( )
□ ③ anytime ( )　□ ④ those ( )
□ ⑤ like ～ ( )　□ ⑥ envy ( )
□ ⑦ classmate ( )　□ ⑧ everyone ( )
□ ⑨ fly ( )　□ ⑩ language ( )
□ ⑪ 早く ______　□ ⑫ 家族 ______
□ ⑬ しばしば ______　□ ⑭ 彼らは，彼女らは ______
□ ⑮ 〜のあとに ______　□ ⑯ 彼らを，彼女らを，それらを ______
□ ⑰ そんなに，とても ______　□ ⑱ 何匹かの，いくつかの ______
□ ⑲ 〜を飼う，〜を保有する ______　□ ⑳ 住む ______

❷ 次の語で最も強く発音する部分の記号を書きなさい。

□ ① dra-ma (ア イ) ( )
□ ② me-ter (ア イ) ( )
□ ③ char-ac-ter (ア イ ウ) ( )

❸ 日本語に合う英文になるように______に適切な語を書きなさい。

□ ① 私は料理をすることが好きです。――私もです。
I like cooking. ―― ______, ______.

□ ② あなたは野球をしますよね？
You play baseball, ______?

点UP □ ③ 私はインターネットでゲームをします。
I play games ______ ______ ______.

ヒント

❶
①長さの単位。
④thatの複数形。形容詞の意味。
⑤動詞「好きである」ではないほうの意味のlike。
⑧語末に「人」を意味するoneがつく。
⑰sで始まる。
⑲kで始まる。

❷ ミスに注意
「日本語になった英語」の発音・アクセントに注意。

❸
文の初めは大文字になることに気をつけよう！
②「正しい」という意味の形容詞でもある。

❹ 次の文を( )内の指示にしたがって書きかえるとき，___に適切な語を書きなさい。

□ ❶ That is your apartment. （疑問文に）

___ ___ ___ apartment?

点UP □ ❷ My brother can play chess. （否定文に）

My brother ___ ___ ___.

❺ 次の文に対する応答として適切なものを，( )内の指示にしたがって英語で書きなさい。

□ ❶ What do you do after school? （「私はサッカーをします」と答える）

___

点UP □ ❷ Can those boys ski? （Noを使って答える）

___

❻ 次の英文を日本語にしなさい。

□ ❶ I eat salad for breakfast every day.

( )

□ ❷ How many bags do you have?

( )

❼ 次の日本語を英文にしなさい。

□ ❶ あなたはよく歌いますか。

___

□ ❷ 私は何冊かのマンガ本を持っています。

___

ヒント

❹

❶肯定文とは語順が異なる。

canやcan'tのあとの動詞はいつも原形になることに注意。
× He can swims.
○ He can swim.

❺

❶2つのdoのうち，後ろのdoは「する」という意味。

❷those boysは「彼ら」という語にして答える。

❻

❷How manyは数を聞くときの表現。

How manyのあとは必ず複数形になるよ！

❼

❶「よく(しばしば)」という語はsing「歌う」の前にくる。

❷「何冊か」は「いくつかの」と同じ語。

教科書 pp.22-33

Step 3 予想テスト　Lesson 2 Talking with Friends

30分　/100点　目標 80点

❶ 日本語に合う英文になるように，＿＿に適切な語を書きなさい。知　18点(各完答6点)

❶ あなたは何かペットを飼っていますか。――いいえ。でもネコかイヌがほしいです。
Do you ＿＿ any ＿＿? ―― No. But I want a cat ＿＿ a dog.

❷ ジムとレンはテニスが好きです。彼らはいつも，昼食後にテニスをします。
Jim and Ren like tennis. ＿＿ always play tennis ＿＿ lunch.

❸ あなたは朝食に何を食べますか。――私はしばしば，おにぎりを食べます。
What do you eat ＿＿ breakfast? ―― I ＿＿ eat rice balls.

❷ 日本語に合う英文になるように，(　)内の語句を並べかえなさい。知　12点(各6点)

❶ どんな種類の音楽が好きですか。 (music / kind / what / of) do you like?

❷ 私はサッカーボールを1つも持っていません。 (soccer balls / have / any / I / don't).

❸ 次の対話文について(　)に入れるのに，最も適切な文の記号を書きなさい。知　14点(各7点)

❶ *Girl:* Can you snowboard?
Boy: (　　) But I can ski.
㋐ Yes, I can.　㋑ No, I can't.　㋒ Yes, I do.　㋓ No, I don't.

❷ *Boy:* I like listening to music.
Girl: (　　)
㋐ What's your favorite anime?　㋑ When do you play the piano?
㋒ I like watching TV, too.　㋓ Who is your favorite singer?

❹ 次の文を読んで，あとの問いに答えなさい。知 表　28点

Mei: Oh, that dog is so cute! ①Do you have (　　) pets?
Aya: Yes. I have ②(　　) hamsters.
Mei: I envy you. ③(pet / a / keep / I / can't).
Aya: You can't?
Mei: ④(Yes, No). I live in an apartment.

❶ 下線部①が「あなたは何かペットを飼っていますか」の意味になるように，(　)に適切な語を書きなさい。 (7点)

成績評価の観点 知…言語や文化についての知識・技能 表…外国語表現の能力

❷ 下線部②が「何匹かの」の意味になるように，(　)に適切な語を書きなさい。 (7点)

❸ 下線部③の(　)内の語句を並べかえて，正しい英文にしなさい。 (7点)

❹ 下線部④の(　)内から適切な語を選びなさい。 (7点)

5 エマは友だちとおしゃべりをしています。友だちの❶～❹の質問や話題に，表を参考にエマになったつもりで英語で答えましょう。 表 28点（各7点）

❶ Do you like sports?

❷ I like reading comic books.

❸ What's your favorite food?

❹ Can you cook?

①はい。私はテニスが好きです。
②私も。私はたくさんのマンガ本を持っています。
③イタリア料理(Italian food)が好きです。ピザが大好きです。
④いいえ，できません。でもお母さんは料理が得意(good at cooking)です。

1	❶		
	❷		
	❸		
2	❶		
	❷		
3	❶	❷	
4	❶	❷	
	❸	❹	
5	❶		
	❷		
	❸		
	❹		

教科書 pp.34-49

Step 1 基本チェック　Lesson 3 My Favorite Person

5分

赤シートを使って答えよう！

1 [主語が三人称単数で一般動詞を使った文(動詞につくs)]

□ 1 ユキは走ることが好きです。
Yuki [likes] running.

□ 2 彼は英語を教えます。
He [teaches] English.

□ 3 彼女は日本語を話しません。
She [doesn't] speak Japanese.

□ 4 トムは数学を勉強しますか。
——はい，します。／いいえ，しません。
[Does] Tom [study] math?
—— Yes, he [does]. / No, he [doesn't].

2 [一般動詞の種類]

体の動き，動作，行動を表す動詞

□ 1 行く [go]　□ 2 来る [come]

気持ちや心の働きを表す動詞

□ 3 ～を愛する [love]　□ 4 ～と思う [think]

3 [数えられる名詞の単数形・複数形とふつう数えられない名詞]

数えられる名詞

	単数形	複数形
□ 1 本	[book]	books
□ 2 箱	box	[boxes]

ふつう数えられない名詞

□ 3 水 [water]　□ 4 空気 [air]　□ 5 塩 [salt]

4 [主語と主語以外の代名詞(私，あなた，彼など)]

□ 1 私には兄がいます。
[I] have a brother.

□ 2 彼はしばしば，私とチェスをします。
[He] often plays chess with [me].

解答欄

1
2
3
4

1
2
3
4

1
2
3
4
5

1
2

POINT

❶［主語が三人称単数で一般動詞を使った文(動詞につくs)］

①主語が三人称(Iとyou以外)で単数(1人や1つ)の肯定文では，一般動詞にsをつける。

・Kenta plays baseball. ［ケンタは野球をします。］

②主語が三人称単数の否定文では，一般動詞の前にdoesn't[does not]を置き，動詞は原形にする。

・He doesn't play tennis. ［彼はテニスをしません。］
（doesn't：does notの短縮形　play：動詞の原形）

③主語が三人称単数の疑問文では，主語の前にdoesを置き，動詞は原形にする。答えの文もdoやdon'tではなく，doesやdoesn'tを使う。

Does Kenta play tennis? —— Yes, he does. / No, he doesn't.
［ケンタはテニスをしますか。——はい，します。／いいえ，しません。］

(一般動詞のs，esのつけ方)

原則(動詞の終わりにsをつける)	like－likes，live－lives
ス，シュ，チの音で終わる動詞(esをつける)	wash－washes，teach－teaches
yで終わる動詞(yをiに変えてesをつける)	try－tries，study－studies
ay，ey，uy，oyで終わる動詞(そのままsをつける)	play－plays，buy－buys
oで終わる動詞(esをつける)	go－goes，do－does

＊特別な形の変化をする動詞がある。(例：have－has)

❷［一般動詞の種類］

is，are，amを「be動詞」と呼ぶのに対し，go，studyなどを「一般動詞」と呼ぶ。一般動詞は意味の面から，大きく2つの種類に分けられる。

①体の動き，動作，行動を表す動詞(go「行く」，read「～を読む」など)

②気持ちや心の働きを表す動詞(like「～を好む」，know「～を知っている」など)

❸［数えられる名詞の単数形・複数形(s，esがつく)とふつう数えられない名詞］

①数えられる名詞(pen，book，cat，deskなど)

②ふつう数えられない名詞(water，air，saltなど)(数えられないので単数扱い)

③複数形のつくり方(数えられる名詞のみ)

dog－dogs，box－boxes，city－cities，life－lives，toy－toys，photo－photos，tomato－tomatoes

❹［主語と主語以外の代名詞(私，あなた，彼など)］

主語として使う場合の「私」：I「私は」／主語以外で使う場合の「私」：me「私を[に]」

I like tennis. ［私はテニスが好きです。］

My mother often plays tennis with me. ［私の母はよく私とテニスをします。］

(「あなた(たち)」you－you，「私たち」we－us，「彼」he－him，「彼女」she－her，「彼ら[彼女ら，それら]」they－them，「それ」it－it)　＊主語－主語以外の順

教科書 pp.34-49

Step 2 予想問題 Lesson 3 My Favorite Person

20分 (1ページ10分)

❶ ①〜⑧は単語の意味を書き，⑨〜⑱は日本語を英語になおしなさい。

□① bike	(　　　)	□② there	(　　　)
□③ busy	(　　　)	□④ everyone	(　　　)
□⑤ member	(　　　)	□⑥ performance	(　　　)
□⑦ win	(　　　)	□⑧ competition	(　　　)
□⑨ 人	______	□⑩ 練習する	______
□⑪ 彼の	______	□⑫ 彼女の	______
□⑬ 〜を育てる	______	□⑭ ほかの	______
□⑮ もう1つの，別の	______	□⑯ 彼らの，彼女らの，それらの	______
□⑰ (背が)高い	______	□⑱ (〜を)知っている	______

❷ 下線部の発音が同じなら○，異なるなら×を書きなさい。

□① garden — tall　(　　)　□② busy — win　(　　)

❸ 日本語に合う英文になるように______に適切な語を書きなさい。

□① ミユはたくさんの友だちを持っています。

Miyu ______ a ______ ______ friends.

点UP □② ビルはくだものが大好きです。たとえば，モモとオレンジです。

Bill ______ fruits ______ ______.

______ ______, peaches and oranges.

❹ 次の______に適切な語を下から選んで書きなさい。ただし，同じ語を2度使うことはできません。

点UP □① My father cooks ______ weekends.

□② Elly comes ______ Canada.

□③ Look ______ the blackboard.

at	from	on

ヒント

❶
⑨pで始まる。「人々」ではなく「ひとりの人」。の意味。
⑭oで始まる。
⑮aで始まる。

❷ ミスに注意
つづりと発音の違いに注意。

❸
主語が三人称単数の場合の一般動詞の形に注意しよう！

❹
①「週末に」
②「〜出身である」
③「〜を見てください」

❺ 次の文の(　)内の動詞を適切な形に変えて，＿＿に書きなさい。

□ ❶ Dan ＿＿＿＿＿＿ baseball games on TV.　(watch)

□ ❷ Mr. Smith ＿＿＿＿＿＿ Japanese.　(study)

□ ❸ My mother ＿＿＿＿＿＿ an old bike.　(use)

□ ❹ She ＿＿＿＿＿＿ a nice garden.　(have)

❻ 次の文を(　)内の指示にしたがって書きかえなさい。

□ ❶ I go jogging in the park.　(下線部をTomに変えて)

＿＿＿＿＿＿＿＿＿＿＿＿＿＿＿＿＿＿＿＿

点UP □ ❷ Liz enjoys dancing.　(疑問文に)

＿＿＿＿＿＿＿＿＿＿＿＿＿＿＿＿＿＿＿＿

□ ❸ Sho plays the trumpet.　(5語の否定文に)

＿＿＿＿＿＿＿＿＿＿＿＿＿＿＿＿＿＿＿＿

❼ 次の文に対する応答として適切なものを，(　)内の指示にしたがって英語で書きなさい。

□ ❶ Does your grandmother grow flowers?　(Yesで3語で答える)

＿＿＿＿＿＿＿＿＿＿＿＿＿＿＿＿＿＿＿＿

□ ❷ Does your grandfather like swimming?　(Noで3語で答える)

＿＿＿＿＿＿＿＿＿＿＿＿＿＿＿＿＿＿＿＿

❽ 次の英文を日本語にしなさい。

□ ❶ I will tell you about my best friend.

(　　　　　　　　　　　　　　　　　　　　)

□ ❷ I hope he will win the next basketball game.

(　　　　　　　　　　　　　　　　　　　　)

❾ 次の日本語を英文にしなさい。

点UP □ ❶ 私の父はレストラン(restaurant)を経営しています。

＿＿＿＿＿＿＿＿＿＿＿＿＿＿＿＿＿＿＿＿

□ ❷ リオは中国語を話しません。

＿＿＿＿＿＿＿＿＿＿＿＿＿＿＿＿＿＿＿＿

ヒント

❺
❶チの音で終わる動詞はesをつける。
❷語尾が〈子音字＋y〉のときはyをiに変えてesをつける。
❹不規則に変化する。

原則は動詞の終わりにsをつけるよ。でも例外もあるから注意しよう！

❻
❶Tomは三人称単数。oで終わる動詞はesをつける。
❸語数によって短縮形にするかしないかを決める。

❼ ミスに注意
❷3語で答えることに注意。

❽
❶best friend「親友」

❾
❶run「～を経営する」
❷主語が三人称単数のときの否定文。

Step 3 予想テスト Lesson 3 My Favorite Person

30分　/100点　目標 80点

❶ 日本語に合う英文になるように，____に適切な語を書きなさい。知　25点（各完答5点）

❶ 私の兄は，一生懸命に勉強します。
My brother _____ _____.

❷ ナンシーは週末にピアノの練習をします。
Nancy _____ the piano _____ _____.

❸ 彼はバレーボールをします。彼はほかのスポーツをしますか。
He _____ volleyball. _____ he _____ _____ sports?

❹ 彼女は花を育てていません。
She _____ _____ flowers.

❺ カナはたくさんの趣味を持っています。たとえば，読書や料理です。
Kana _____ many hobbies. _____ _____, reading and cooking.

❷ 日本語に合う英文になるように，(　)内の語句を並べかえなさい。知　15点（各5点）

❶ エイミーはどんな食べ物が好きですか。 What (like / does / Amy / food)?

❷ 私の母は朝早く起きます。 My mother (morning / gets / in / up / early / the).

❸ 彼はテレビドラマを見ません。 (TV dramas / he / watch / doesn't).

❸ 次の対話文について(　)に入れるのに，最も適切な文の記号を書きなさい。知　14点（各7点）

❶ *Boy:* Does your sister like love stories?
Girl: (　　) She often reads them in the library.
㋐ Yes, she is.　㋑ No, she isn't.　㋒ Yes, she does.　㋓ No, she doesn't.

❷ *Boy:* (　　)
Girl: No, she doesn't. She studies Japanese.
㋐ Is Mei Chinese?　㋑ Is Mei Japanese?
㋒ Does Mei study Japanese?　㋓ Does Mei study Chinese?

❹ 次の文を読んで，あとの問いに答えなさい。知 表　30点

Bob: This is my grandpa. He's 62 years old.
Aya: Oh, he ①(have, has) a lot of flowers. Does he ②(like, likes) flowers?
Bob: Yes, ③(　　)(　　). He runs a flower shop.
Aya: ④(すてきですね。) I love flowers. Does he grow flowers?
Bob: No, ⑤(　　)(　　).

　成績評価の観点　知…言語や文化についての知識・技能　表…外国語表現の能力

教科書 pp.34-49

❶ 下線部①②の( )内から適切な語を選びなさい。 10点(各5点)

❷ 下線部③⑤の( )に適切な語を書きなさい。 12点(各完答6点)

❸ 下線部④を，2語の英語になおしなさい。ただし，最初の語はSで始まります。 (8点)

❺ 次の日本語を，( )内の指示にしたがって英文にしなさい。表 16点(各8点)

❶ 彼女はすしやほかの和食が好きです。(Japanese food「和食」を使って)

❷ ミキは英語を話しますが，中国語は話しません。(butとsheを使って8語の英文に)

Lesson 3

❶	❶
	❷
	❸
	❹
	❺
❷	❶
	❷
	❸
❸	❶ ❷
❹	❶ ① ②
	❷ ③ ⑤
	❸
❺	❶
	❷

教科書 pp.51-60

Step 1 基本チェック　Lesson 4　Our Summer Stories ~ Tips ① for Writing

5分

赤シートを使って答えよう！

❶ [一般動詞の過去形]

解答欄

□ ① 私は昨日，サッカーをしました。
I [played] soccer yesterday.

□ ② 私たちは昨日，英語を勉強しました。
We [studied] English yesterday.

□ ③ 彼は昼食にカレーライスを食べました。
He [ate] curry and rice for lunch.

□ ④ 私は今朝，早く起きませんでした。
I [didn't] [get] up early this morning.

□ ⑤ あなたは昨夜，宿題をしましたか。
——はい，しました。／いいえ，しませんでした。
[Did] you [do] your homework last night?
—— Yes, I [did]. / No, I [didn't].

❷ [be動詞の過去形]

□ ① そのケーキはおいしかったです。
The cake [was] delicious.

□ ② 私たちはラッキーでした。
We [were] lucky.

□ ③ 私は夏の間，東京にいませんでした。
I [wasn't] in Tokyo during the summer.

□ ④ あなたたちはこの前の日曜日，お祭りにいましたか。
——はい，いました。／いいえ，いませんでした。
[Were] you at the festival last Sunday?
—— Yes, we [were]. / No, we [weren't].

POINT

❶ [一般動詞の過去形]

①過去のことは，動詞の過去形を使って表す。過去形は，動詞の原形にedやdをつける規則動詞と，動詞の形が不規則に変化する不規則動詞がある。

・I watched a soccer game on TV yesterday. （規則動詞）
　└原形のwatchにedをつける

［私は昨日，テレビでサッカーの試合を見ました。］

・I ate shaved ice. （不規則動詞）［私はかき氷を食べました。］
　└原形のeatが不規則に変化

②一般動詞の過去の否定文は，動詞の前にdidn't[did not]を置く。didn'tはdid notの短縮形。動詞は原形にする。

・I didn't eat fried noodles. ［私は焼きそばを食べませんでした。］
did notの短縮形 └動詞の原形

③一般動詞の過去の疑問文は，主語の前にdidを置き，動詞は原形にする。答えの文でもdidを使う。

・Did you go back to America? —— Yes, I did. / No, I didn't.
　└動詞の原形

［あなたはアメリカに帰りましたか。——はい，帰りました。／いいえ，帰りませんでした。］

❷ [be動詞の過去形]

①isとamの過去形はwasになり，areの過去形はwereになる。

・I was very hungry. ［私はとても空腹でした。］
　└amの過去形

・It was delicious. ［それはおいしかったです。］
　└isの過去形

・They were in America during the summer vacation.
　└areの過去形

［彼らは夏休みの間，アメリカにいました。］

②be動詞の過去の否定文は，be動詞の過去形のあとにnotを置く。was notはwasn't，were notはweren'tと短縮することができる。

・Aya wasn't busy. ［アヤは忙しくありませんでした。］
was notの短縮形

③be動詞の過去の疑問文は，主語の前にbe動詞を置く。

・Were you in Japan during the summer vacation? —— Yes, I was. / No, I wasn't.

［あなたは夏休みの間，日本にいましたか。——はい，いました。／いいえ，いませんでした。］

Step 2 予想問題 Lesson 4 Our Summer Stories ~ Tips ① for Writing

20分 (1ページ10分)

1 ❶〜❻は単語の意味を書き，❼〜⑯は日本語を英語になおしなさい。

□ ❶ instead ( ) □ ❷ just ( )
□ ❸ during ( ) □ ❹ update ( )
□ ❺ tent ( ) □ ❻ scary ( )
□ ❼ 夕方，晩 ______ □ ❽ 難しい ______
□ ❾ すぐに ______ □ ❿ 滞在する ______
□ ⓫ 親，(複数形で)両親 ______ □ ⓬ この前の ______
□ ⓭ (時間の)分 ______ □ ⓮ 〜と[を]言う ______
□ ⓯ 〜を襲う ______ □ ⓰ 幸運な ______

2 次の語で最も強く発音する部分の記号を書きなさい。

□ ❶ in-stead (ア イ) ( )
□ ❷ va-ca-tion (ア イ ウ) ( )
□ ❸ na-tion-al (ア イ ウ) ( )

3 次の動詞の過去形を書きなさい。

□ ❶ go ______ □ ❷ see ______
□ ❸ eat ______ □ ❹ start ______
□ ❺ have ______ □ ❻ get ______
□ ❼ do ______ □ ❽ stay ______
□ ❾ enjoy ______ □ ❿ come ______
□ ⓫ sleep ______ □ ⓬ shoot ______

4 日本語に合う英文になるように，____に適切な語を書きなさい。

点UP □ ❶ メアリーはオーストラリアに帰っていきました。
Mary ______ ______ to Australia.

□ ❷ すぐに，私の父はテントを張りました。
______, my father ______ a tent.

□ ❸ バスは，10分おきに来ます。
The bus comes ______ ______ ______.

ヒント

1
❸during the summer vacationのように使う。
❹動詞。
⓬「最後の」という意味もある。

2
❷tionがつく語は必ずtionの直前が強く読まれる。

3
規則動詞の過去形について確認しよう！
1. 原則は原形にedをつける。
2. eで終わる動詞はdだけをつける。
3. 〈子音字＋y〉で終わる動詞はyをiに変えてedをつける。
4. 一部の動詞は最後の文字を重ねてedをつける(stopなど)。

4 ミスに注意
問題文の日本語で過去のことかどうかを必ず確認する。
❶「帰っていく」は「戻って(back)いく」と考える。
❷「張る」は「〜を組み立てる，建てる」という動詞で表す。
❸「10分おきに」は「毎10分」と考える。

5 次の____に適切な語を下から選んで書きなさい。ただし，同じ語を２度使うことはできません。

- □ 1 Tom and I played ____________ fireworks.
- □ 2 I like festivals. How ____________ you?
- □ 3 The movie is kind ____________ scary.
- □ 4 The hot water shoots ____________ of the ground.

of	out	with	about

6 日本語に合う英文になるように，____に適切な語を書きなさい。

- □ 1 エミは，午前８時に学校に来ました。
  Emi ____________ to school at eight ____________.
- 点UP □ 2 私は昨夜，テレビを見ませんでした。
  I ____________ ____________ TV ____________ ____________.
- □ 3 景色はすばらしかったです！ 私たちはそれを楽しみました。
  The view ____________ wonderful! We ____________ it.
- □ 4 数学の問題はそんなに難しくなかったです。
  The math question ____________ ____________ ____________.

7 次の文を（ ）内の指示にしたがって書きかえなさい。

- □ 1 Ken got up at seven this morning. （疑問文に）
  ____
- □ 2 The soccer game was great. （疑問文に）
  ____

8 次の英文を日本語にしなさい。

- □ 1 Long time no see! Were you in New Zealand during the vacation?
  （　　　　　　　　　　　　　　　　　　　　）
- □ 2 Your bike is cool! Did your father buy it on your birthday?
  （　　　　　　　　　　　　　　　　　　　　）

9 次の日本語を英文にしなさい。

- 点UP □ 1 私は昨夜，たくさん食べました。
  ____
- □ 2 あなたたちは去年，夏祭りに行きましたか。
  ____

ヒント

5

1「～で遊ぶ」
2「あなたはどうですか」という意味の決まり文句。
3「ちょっと(怖い)」
4「(地面の)外へ」

6

一般動詞の過去の否定文は，〈didn't＋動詞の原形〉。be動詞の過去の否定文はwasまたはwereのあとにnotをつけるよ。

1「午後」はp.m.。
2一般動詞の否定文。
4be動詞の否定文。短縮形を使うか使わないかは空所の数によって決める。

7

一般動詞の過去の疑問文は，〈did＋主語＋動詞の原形〉。be動詞の過去の疑問文はwasまたはwereを文頭におくよ。

1gotを原形にする。
2be動詞の疑問文。

8

1「長い間，会っていない」人に会ったときに言う言葉。

9

2一般動詞の過去の疑問文。

Lesson 4 ～ Tips ① for Writing

Step 3 予想テスト　Lesson 4　Our Summer Stories ~ Tips ① for Writing

30分　/100点　目標 80点

❶ 日本語に合う英文になるように，____に適切な語を書きなさい。知　20点（各完答5点）

❶ 私は夏休みの間に家族といっしょにシンガポールに行きました。

I _____ _____ Singapore with my family _____ the summer vacation.

❷ あなたは昨夜，月を見ましたか。──はい，見ました。／いいえ，見ませんでした。

_____ you see the moon _____ night? ── Yes, I _____. / No, I _____.

❸ 景色はすばらしかったです！　私たちは幸運でした！

The view _____ great! We _____ _____!

❹ その本はそんなに難しくなかったです。

That book _____ _____ _____.

❷ 次の文を（　）内の指示にしたがって書きかえなさい。知　16点（各8点）

❶ Tom slept in the tent.　（疑問文に）

____

❷ The photos were beautiful.　（疑問文に）

____

❸ 次の対話文について（　）に入れるのに，最も適切な文の記号を書きなさい。知　16点（各8点）

❶ *Mother:* Did you have dinner with your grandma this evening?

Girl: (　　) We had sushi.

㋐ Yes, I did.　㋑ No, I didn't.　㋒ Yes, I was.　㋓ No, I wasn't.

❷ *Boy:* Was Nancy on the volleyball team last year?

Girl: (　　) She was on the tennis team.

㋐ Yes, I was.　㋑ No, I wasn't.　㋒ Yes, she was.　㋓ No, she wasn't.

❹ 次の文を読んで，あとの問いに答えなさい。知 表　32点

Mei: ①(久しぶり！) ②(　　) you back in America ③(with, during, from) the summer vacation?

Bob: Yes, I was. How about you? Did you go back to Singapore?

Mei: No, ④(　　) (　　). I stayed here.

Bob: ⑤(you / did / enjoy / summer vacation / your)?

Mei: Yes, very much. Aya and I ⑥(go) to the summer festival. We ⑦(enjoy) it a lot.

❶ 下線部①を，Lから始まる4語の英語になおしなさい。 (8点)

❷ 下線部②，④の( )に適切な語を書きなさい。 8点(②4点，④完答4点)

❸ 下線部③の( )内から適切な語を選びなさい。 (5点)

❹ 下線部⑤の( )内の語句を並べかえて，正しい英文にしなさい。 (5点)

❺ 下線部⑥，⑦の動詞を適切な形にしなさい。 6点(各3点)

❺ 次の場合，英語でどう言いますか。( )内の語数で書きなさい。 表 16点(各8点)

❶ 友だちに昨夜，宿題をしたかどうかたずねるとき。(7語)

❷ 友だちに昨日，図書館にいたかどうかをたずねるとき。(6語)

❶	❶				
	❷				
	❸				
	❹				
❷	❶				
	❷				
❸	❶	❷			
❹	❶				
	❷ ②	④			
	❸				
	❹				
	❺ ⑥	⑦			
❺	❶				
	❷				

Step 2 予想問題

Reading ① Fox and Tiger

10分

❶ ①～⑧は単語の意味を書き，⑨～⑳は日本語を英語になおしなさい。

□ ① believe ( ) □ ② away ( )
□ ③ quickly ( ) □ ④ several ( )
□ ⑤ later ( ) □ ⑥ act ( )
□ ⑦ alone ( ) □ ⑧ himself ( )
□ ⑨ ～を見つける ____ □ ⑩ 彼を[に] ____
□ ⑪ 簡単な ____ □ ⑫ みんな ____
□ ⑬ ～について来る[行く] ____ □ ⑭ tellの過去形 ____
□ ⑮ これらの ____ □ ⑯ 私たちを[に] ____
□ ⑰ ～に頼む ____ □ ⑱ ～が起こる ____
□ ⑲ 待つ ____ □ ⑳ ただ1人の，唯一の ____

❷ 日本語に合う英文になるように，____に適切な語を書きなさい。

□ ① ある日，私は自分の町でサルを見ました。
____ ____, I saw a monkey in my town.

□ ② 私から逃げ出さないで！
Don't ____ ____ from me!

□ ③ あなたの言うとおりです。 You're ____.

□ ④ 父は近ごろとても忙しいです。
My father is very busy ____ ____.

□ ⑤ あなたはかぜをひきましたか。
Did you ____ a ____?

❸ 次の____に適切な語を下から選んで書きなさい。ただし，同じ語を2度使うことはできません。

□ ① He talked ____ himself.
点UP □ ② Tom is afraid ____ dogs.
□ ③ My cat is always ____ me.
□ ④ Long time ____ see!

no	to	of	with

ヒント

❶
⑥動詞。
⑩⑯Iの場合は，meが「私を[に]」の意味。
⑫aで始まる。「すべて」という意味もある。
⑮thisの複数形。
⑱出来事(＝起きたこと)は，カタカナ語でハプニングと言う。

❷
②「逃げ出す」は「走って離れる」こと。

命令文は主語がなく，動詞の原形で始まり「～しなさい」を表すよ。〈Don't＋動詞の原形〉は命令文の否定形で「～しないで」の意味になるよ！

③「あなたは正しいです。」と訳すこともできる。

❸
①「彼はひとり言を言った」の意味。「彼自身に話しかける」と考える。
②「～を恐れる」
③「～といっしょに」
④「久しぶり！」

Step 3 予想テスト Reading ① Fox and Tiger

15分 /100点 目標 80点

次の文を読んで，あとの問いに答えなさい。知 表 100点

Tiger: Cough! ①(　　)! Cough! Cough! Stop, Bear!
Bear: Oh, hi, Tiger. Fox tricked you. He's no king. Animals are ②(　　)(　　) you, not Fox.
Tiger: I know. I know.
Bear: You know? ③(you / are / always / with / why) him?
Tiger: Well, everyone is ④(　　)(　　) me. ⑤(　　)(　　), Fox is my only friend.

❶ 下線部①が「待って！」の意味になるように(　)に適切な語を書きなさい。 (15点)

❷ 下線部②④がともに「～を恐れる」の意味になるように(　)に適切な語を書きなさい。 (完答15点)

❸ 下線部③の(　)内の語句を並べかえて，正しい英文にしなさい。 (15点)

❹ 下線部⑤が「やはり，結局」の意味になるように(　)に適切な語を書きなさい。 (完答15点)

❺ 本文の内容に合っていれば○を，間違っていれば×を書きなさい。 40点(各8点)

ⓐ クマはトラを「待って！」と言って呼び止めた。
ⓑ クマは，キツネはトラをだましたと言った。
ⓒ トラはキツネが王様だということを知っている。
ⓓ どうぶつたちはキツネではなく，クマを恐れている。
ⓔ トラはキツネを自分の唯一の友だちだと思っている。

❶				
❷				
❸				
❹				
❺ ⓐ	ⓑ	ⓒ	ⓓ	ⓔ

Reading ①

成績評価の観点 知…言語や文化についての知識・技能 表…外国語表現の能力

[解答▶p.8]

教科書 pp.65-74

Step 1 基本チェック　Lesson 5　School Life in Two Countries ~ Tips ② for Listening

5分

赤シートを使って答えよう！

❶ [現在進行形の文]

□ ❶ 私は手紙を書いています。 I [am] [writing] a letter.

□ ❷ 彼女は今，勉強しています。 She [is] [studying] now.

❷ [現在進行形の否定文]

□ ❶ 彼はサッカーをしていません。 He [isn't] [playing] soccer.

□ ❷ 彼らは今，話していません。 They [aren't] [talking] now.

❸ [現在進行形の疑問文]

□ ❶ あなたは今，料理をしていますか。
──はい，しています。／いいえ，していません。
[Are] you cooking now?
── Yes, I [am]. / No, I'm [not].

□ ❷ ユキは何を食べていますか。 [What] [is] Yuki [eating]?

解答欄

❶ ______
______

❷ ______
______

❶ ______
______

❷ ______
______

❶ ______
______
______

❷ ______
______
______

POINT

❶ [現在進行形の文]

「～しているところです」という現在進行形の文は，〈be動詞＋動詞の-ing形〉で表す。主語に合わせてam，are，isを使い分ける。

・We are having morning tea now. [私たちは今，午前の軽食をとっています。]
（are：be動詞／having：eを除いてingをつける）

・Taro is watching TV. [タロウはテレビを見ています。]

❷ [現在進行形の否定文]

現在進行形の否定文は，be動詞のあとにnotを置く。

・Taro is not watching TV. [タロウはテレビを見ていません。]

❸ [現在進行形の疑問文]

①現在進行形の疑問文は，be動詞を主語の前に置く。

・Is Aya singing? ── Yes, She is. / No, she isn't.
（Is：be動詞を主語の前に）[アヤは歌っていますか。──はい，歌っています。／いいえ。歌っていません。]

②疑問詞(whatなど)を使ってたずねるときは，疑問詞を文の最初に置く。

・What is she singing? ── She is singing "My Ballad."
[彼女は何を歌っていますか。──彼女は『マイバラード』を歌っています。]

Step 2 予想問題　Lesson 5　School Life in Two Countries ~ Tips ② for Listening

30分
(1ページ10分)

❶ ①〜⑧は単語の意味を書き，⑨〜⑱は日本語を英語になおしなさい。

□ ① lawn (　　　　)　□ ② recess (　　　　)
□ ③ first (　　　　)　□ ④ chat (　　　　)
□ ⑤ bench (　　　　)　□ ⑥ compete (　　　　)
□ ⑦ prize (　　　　)　□ ⑧ feed (　　　　)
□ ⑨ 毎日の ______　□ ⑩ 短い休み ______
□ ⑪ 皆さん，みんな ______　□ ⑫ (学校の)時限 ______
□ ⑬ 〜を持ってくる ______　□ ⑭ 同級生，クラスメート ______
□ ⑮ 異なった，いろいろな ______　□ ⑯ もの，こと ______
□ ⑰ だれか，ある人 ______　□ ⑱ 〜の後ろの[に] ______

❷ 下線部の発音が同じなら○，異なるなら×を書きなさい。

□ ① lawn — practice (　　)　□ ② recess — letter (　　)
□ ③ behind — write (　　)　□ ④ read — great (　　)

❸ 次の動詞の-ing形を書きなさい。

□ ① eat ______　□ ② have ______
□ ③ sit ______　□ ④ study ______
□ ⑤ practice ______　□ ⑥ get ______

❹ 日本語に合う英文になるように，____に適切な語を書きなさい。

点UP □ ① 日本は今，10時半です。
______ 10:30 ______ Japan now.

□ ② あなたは何時に朝食を食べますか。
______ ______ do you have breakfast?

□ ③ 動物園に行きましょう。——おもしろそうだね！
Let's go to the zoo. —— ______ ______!

ヒント

❶
②cとsのつづりと発音に注意。
③fastとの混同に注意。
⑩bで始まる。
⑮difficultとの混同に注意。

❷ ミスに注意
つづりと音の違いに注意。

❸
動詞の-ing形の作り方について確認しよう！
1. 原則は原形にingをつける。
2. 語尾がeの動詞はeをとってingをつける。
3. 語尾が〈短母音＋子音字〉の動詞は子音字を重ねてingをつける。(例：cutting)

❹
①時間を表すときは主語にitを使う。このitは「それは」と訳さない。
②「何時に〜？」はWhatで始める。
③主語を省いた文。最初の語はSで始まる。

5 次の____に適切な語を下から選んで書きなさい。ただし，同じ語を２度使うことはできません。

得点UP

□ 1 I usually get up ____________ seven.

□ 2 They are competing ____________ first prize in the photo contest.

□ 3 Miku is taking a notebook ____________ of her bag.

□ 4 Please put the milk ____________ the fridge.

into	for	out	at

6 下の絵は，ユミの家族の今の様子を表したものです。絵を見て____に適切な語を書きなさい。

□ 1 Yumi ____________ ____________ her hands.

□ 2 Jun ____________ ____________ the picture ____________ the wall.

□ 3 Yumi's parents ____________ ____________ TV.

□ 4 Mio ____________ ____________ the table.

□ 5 Two cats ____________ ____________ ____________ the floor.

7 次の文を(　)内の指示にしたがって書きかえなさい。

□ 1 We feed our dog.　(４語で進行形の文に)

____

□ 2 Tomoko is practicing the piano now.　(下線部をたずねる文に)

____

ヒント

5
1「〜時に」
2「〜を競う」
3「〜から取り出す」
4「〜の中へ」

6

目の前で起きていることは進行形で表すよ。また，現在進行形のbe動詞は，主語によって使い分けるんだ。主語が「２人以上」のときはareを使うよ。

2「(壁に絵)をかける」はhangを使うが，「(壁の上に絵)を置く」と考えて，putを使うこともできる。putの-ing形に注意。
4「テーブルをそうじしている」と考える(clean「そうじする」)。
5 ミスに注意
ネコは複数匹いて寝ている。

7
1 ４語にするには短縮形を使う。
2 the piano はWhat「何」を使って聞く。

 [解答▶p.9]

8 次の英文を日本語にしなさい。

□ ❶ Tim is drinking milk.
(　　　　　　　　　　　　　　　　　　　　　　　　　　)

□ ❷ That girl isn't having lunch now.
(　　　　　　　　　　　　　　　　　　　　　　　　　　)

□ ❸ Are those students waving their hands by the window?
(　　　　　　　　　　　　　　　　　　　　　　　　　　)

ヒント

8
❷haveには「食べる」という意味もある。
❸byは「～のそばで」の意味。

9 日本語に合う英文になるように，(　)内の語句を並べかえなさい。

□ ❶ 彼らは次の試合のためにサッカーを練習しているところです。
(practicing / are / for / they / soccer) the next game.
______________________________ the next game.

□ ❷ 私は今，絵を描いていません。
I'm (a / drawing / picture / not) now.
I'm ______________________________ now.

□ ❸ あなたのお父さんは今，料理をしているのですか。
(father / your / is / now / cooking)?
______________________________?

□ ❹ ミユは木の近くで何をしていますか。
(is / near / what / doing / Miyu) the tree?
______________________________ the tree?

9
❶「～のために」はforを使う。
❷否定文。

be動詞を使った文の否定形はbe動詞の直後にnotを置くよ。進行形も動詞の-ing形が後ろに続くけれど，be動詞を使った文だよ。

❹疑問詞で始まる現在進行形の疑問文。

10 次の日本語を英文にしなさい。

点UP □ ❶ 彼らはいろいろなものを食べています。
____

□ ❷ あなたは今，短い休みを取っているところですか。
____

□ ❸ 彼女は今，何を作っていますか。
____

10
❶「いろいろな」はdifferentを使う。
❷「短い休み」はa break。「(休みを)とる」はhaveまたはtakeで表す。
❸「何を」はWhatで聞く。

教科書 pp.65-74

Step 3 予想テスト

Lesson 5 School Life in Two Countries ~ Tips ② for Listening

30分　/100点　目標 80点

❶ 日本語に合う英文になるように，____に適切な語を書きなさい。知　24点（各完答6点）

❶ 私のクラスメートたちは芝生の上で，おしゃべりをしています。

My _____ are _____ on the _____.

❷ 私たちは2時間目のあとに短い休みがあります。

We have a _____ after second _____.

❸ みんなが歌の練習をしています。── すばらしいですね！

_____ is _____ singing. ── That's _____!

❹ あなたは今，魚にえさをあげていますか。── いいえ，あげていません。

_____ you _____ the fish now? ── No, I _____ not.

❷ 次の文を（　）内の指示にしたがって書きかえなさい。知　16点（各8点）

❶ He is drinking water.（下線部をたずねる文に）

____

❷ Jim and Mary don't eat sandwiches.（6語の現在進行形の文に）

____

❸ 次の対話文について（　）に入れるのに，最も適切な文の記号を書きなさい。知　16点（各8点）

❶ *Mother:* （　　）

Boy: I'm writing a letter to my grandmother.

㋐ What do you do?　㋑ What are you doing?　㋒ Is she your grandmother?

㋓ Is it a letter?

❷ *Girl:* What time do you have breakfast?

Boy: （　　）

㋐ Yes, I do.　㋑ It's 30 minutes long.　㋒ I have rice.　㋓ At 7:30.

❹ 次の文を読んで，あとの問いに答えなさい。知 表　28点

Aya: Now we're having a 20-minute break after lunch. My classmates are doing ①（　　）（　　）.

Kevin: ②Is someone (sing)?

Aya: Yes. ③(girls / are / some / for / chorus contest / our / practicing). We compete ④(for, in, of) a prize.

Kevin: Sounds interesting! I see a girl behind you. ⑤(彼女は何をしているのですか。)

Aya: Oh, she's writing the words of our song.

成績評価の観点　知…言語や文化についての知識・技能　表…外国語表現の能力

❶ 下線部①が「いろいろなこと」の意味になるように，(　)に適切な語を書きなさい。(完答6点)

❷ 下線部②が「だれか歌っているのですか。」の意味になるように，(　)内の語を適切な形にしなさい。(5点)

❸ 下線部③が「何人かの少女たちは私たちの合唱コンクールのために練習をしています。」の意味になるように，(　)内の語句を並べかえなさい。(6点)

❹ 下線部④の(　)内から適切な語を選びなさい。(5点)

❺ 下線部⑤を，４語の英語になおしなさい。(6点)

❺ 次の場合，英語でどう言いますか。(　)内の語数で書きなさい。 表　16点(各8点)

❶ 友だちに今，何を勉強しているかをたずねるとき。(５語)

❷ 私たちは今，私たちの部屋をそうじしていますと人に伝えるとき。(５語)

❶	❶			
	❷			
	❸			
	❹			
❷	❶			
	❷			
❸	❶	❷		
❹	❶		❷	
	❸			
	❹			
	❺			
❺	❶			
	❷			

教科書 pp.75-85

Step 1 基本チェック Lesson 6　Lunch in Chinatown ~ Useful Expressions

5分

赤シートを使って答えよう！

❶［疑問詞whyで始まる文と，理由を述べる文］

□ ① なぜあなたは春が好きなのですか。—— なぜなら花が好きだからです。
［ Why ］do you like spring? ——［ Because ］I like flowers.

❷［疑問詞how＋oftenで始まる頻度をたずねる文と答える文］

□ ① 彼はどのくらいよく図書館に行きますか。—— 1週間に約2回です。
［ How ］［ often ］does he go to the library?
—— About［ twice ］［ a ］［ week ］.

❸［疑問詞which＋名詞，which，who，whoseで始まる文］

□ ① あなたはどの国が好きですか。［ Which ］［ country ］do you like?
□ ② どれがあなたの帽子ですか。［ Which ］is your cap?
□ ③ あの少女はだれですか。［ Who ］［ is ］that girl?
□ ④ これはだれのボールですか。［ Whose ］ball is this?

解答欄

❶ ①

❷ ①

❸ ①
②
③
④

POINT

❶［疑問詞whyで始まる文と，理由を述べる文］

「なぜ」と理由をたずねるときはwhyを使い，答えるときはbecause（なぜなら～，～なので，～だから）を使う。why以下は疑問文の語順となる。

・Why do you recommend that restaurant? —— Because its spring rolls are delicious.
［なぜあなたはそのレストランを勧めるのですか。——なぜならそこの春巻きがおいしいからです。］

❷［疑問詞how＋oftenで始まる頻度をたずねる文と答える文］

「どのくらいよく～するか」と頻度をたずねるときは，how oftenを文のはじめに置く。答えるときはonce「1回」，twice「2回」やa week「1週間に」などを使う。

・How often does Taro go skiing?　［タロウはどのくらいよくスキーに行きますか。］
・I play tennis twice a week.　［私は1週間に2回テニスをします。］

❸［疑問詞which＋名詞，which，who，whoseで始まる文］

それぞれの意味は，which＋名詞「どの～」，which「どちらが［を］」，who「だれが」，whose「だれの～」。

①Which restaurant do you recommend?　［あなたはどのレストランを勧めますか。］
②Which is your notebook?　［どちらがあなたのノートですか。］
③Who wants mango pudding? —— I do.　［だれがマンゴー・プリンをほしいですか。——私です。］
④Whose phone is this? —— It's mine. / It's not mine.
［これはだれの電話ですか。——それは私のです。／それは私のではありません。］

教科書 pp.75-85

Step 2 予想問題 Lesson 6 Lunch in Chinatown ~ Useful Expressions

30分 (1ページ10分)

❶ ❶〜❽は単語の意味を書き，❾〜⓳は日本語を英語になおしなさい。

□❶ colorful ( ) □❷ recommend ( )
□❸ yours ( ) □❹ mine ( )
□❺ blog ( ) □❻ upload ( )
□❼ also ( ) □❽ expensive ( )
□❾ 〜を注文する ＿＿＿＿ □❿ 門 ＿＿＿＿
□⓫ 看板，標識 ＿＿＿＿ □⓬ なぜなら〜，〜なので＿＿＿＿
□⓭ それの ＿＿＿＿ □⓮ 何もかも ＿＿＿＿
□⓯ 両方 ＿＿＿＿ □⓰ それでは，それじゃ＿＿＿＿
□⓱ 電話 ＿＿＿＿ □⓲ takeの過去形＿＿＿＿
□⓳ 料理 ＿＿＿＿

❷ 次の語で最も強く発音する部分の記号を書きなさい。

□❶ en-joy (ア イ) ( )
□❷ up-load (ア イ) ( )
□❸ des-sert (ア イ) ( )
□❹ rec-om-mend (ア イ ウ) ( )
□❺ res-tau-rant (ア イ ウ) ( )
□❻ de-li-cious (ア イ ウ) ( )

❸ ( )内に入れるのに最も適切な語を選び，記号で答えなさい。

□❶ I ate a lot of pizza. I'm ( ).
㋐ short ㋑ delicious ㋒ difficult ㋓ full

□❷ The view from the mountain was ( ).
㋐ hungry ㋑ amazing ㋒ tired ㋓ alone

□❸ I'd like a hamburger. —— All ( ).
㋐ right ㋑ good ㋒ fine ㋓ sure

ヒント

❶
❸❹「〜のもの」
❻動詞。
❾動詞。同じ形で名詞「注文」の意味もある。「注文」をカタカナ語で言うと？
⓭「それ」はit。「それの」は？
⓮everyは「すべての」という意味。
⓰tで始まる。
⓱pで始まる。
⓳「皿」という意味もある。

❷ ミスに注意
❸❺のように「日本語になった英語」の発音・アクセントに特に注意。

❸
❶たくさん食べたあとの状態。
❷view「景色」。
❸I'd like 〜はI wantをていねいにした表現。「〜をいただきたいのですが…。」に対して「いいですよ。」と答える。

❹ 日本語に合う英文になるように，____に適切な語を書きなさい。

□ ❶ 看板に「中華料理店」と書いてあります。
The ______ ______ "Chinese Restaurant."

□ ❷ 昼食の時間です。
It's ______ ______ lunch.

□ ❸ 私は１週間に１回，図書館で勉強します。
I study at the library ______ a ______.

□ ❹ ご注文をおうかがいしてもよろしいでしょうか。
──もちろんです。
______ I take your ______?
── ______.

□ ❺ コーヒーを１杯いただいてもよろしいですか。
______ I have a ______ ______ coffee?

❺ 次の文を（　）内の指示にしたがって書きかえなさい。

□ ❶ Bob made these hamburgers.　（下線部をたずねる文に）

______

点UP □ ❷ Mika feeds her dog twice a day.　（７語で下線部をたずねる文に）

______

□ ❸ That is my mother's car.　（下線部をたずねる文に）

______

❻ 次の文に対する応答として適切なものを，（　）内の指示にしたがって英語で書きなさい。

点UP □ ❶ Who wants this cake?　（「彼女です。」と２語で答える）

______

□ ❷ Whose book is this?　（「それは私のものです。」と２語で答える）

______

□ ❸ Would you like a drink?
（「私は牛乳をグラス１杯いただきたいです。」と６語でていねいに答える）

______

ヒント

❹
❶「書いてある」は「言う」で表現する。
❷「～のための時間」と考える。
❹「もちろんです。」はsで始まる１語。
❺「コーヒーを1杯」は「カップ１杯のコーヒー」と表現する。

❺
❶「だれが」とたずねる文にする。
❷ ⊗ミスに注意
「どのくらいよく」とたずねる文にする。主語が三人称単数であることに注意。
❸「だれの～」とたずねる文にする。

❻
❶She wants this cake.の中の質問文の繰り返し部分を避ける形。wantsの形も変わる。
❸Would you like ～?と聞かれたら，Ｉを主語にしてwould likeを使って答える。語数を考えて短縮形にするかしないかを決める。

［解答▶p.11］

❼ 次の英文を日本語にしなさい。

□ ❶ Can I take a picture?
( )

□ ❷ I visit my grandmother three times a year.
( )

点UP □ ❸ Which bike is yours?
( )

ヒント

❼
❶許可を求める文。
❸〈Which + 名詞〉は「どの～」。

❽ 日本語に合う英文になるように，( )内の語句を並べかえなさい。

□ ❶ 彼女の英語の先生はだれですか。
(teacher / who / her / is / English)?
________________________?

□ ❷ あなたはどの写真が好きですか。
(like / which / you / picture / do)?
________________________?

□ ❸ だれがギターを弾けますか。
(play / can / guitar / the / who)?
________________________?

□ ❹ あなたはなぜそんなに速く歩くのですか。
(so / you / do / why / walk / fast)?
________________________?

❽
疑問詞を使った疑問文は，文頭に疑問詞を置くよ。

❷ ミスに注意
「どの～」は〈Which + 名詞〉

❾ 次の日本語を，( )内の語を使って英語になおしなさい。

□ ❶ あなたはどのくらいよく映画を見ますか。(watch movies)
——およそ1か月に1回です。
____
—— ________________________

点UP □ ❷ あなたはなぜネコが好きなのですか。
——なぜなら，それらはかわいいからです。(cute)
____
—— ________________________

❾
❶「よく」はoften。
❷理由をたずねる文と，理由を答える文。

Step 3 予想テスト Lesson 6 Lunch in Chinatown ~ Useful Expressions

30分　　/100点　目標 80点

1 日本語に合う英文になるように，____に適切な語を書きなさい。 知　20点（各完答5点）

1 私はデザートにアイスクリームとプリンを注文しました。── 両方注文したのですか。

I _____ ice cream and pudding _____ dessert. ── Did you _____ _____?

2 どの飲み物が私のものですか。── こちらです。

_____ drink is _____? ── This _____.

3 デイビッドはチャイナタウンでたくさんの写真を撮りました。

David _____ many _____ in Chinatown.

4 お水をグラス１杯もらってもいいですか。

_____ I have a _____ _____ water?

2 次の文を(　)内の指示にしたがって書きかえなさい。 知　14点（各7点）

1 She is Ms. White. （下線部をたずねる文に）

2 This is my father's trumpet. （下線部をたずねる文に）

3 次の対話文について(　)に入れるのに，最も適切なものの記号を書きなさい。 知　14点（各7点）

1 *Boy:* Who knows the name of the restaurant?

Girl: (　　)

㋐ Kevin is.　㋑ Kevin does.　㋒ Kevin was.　㋓ Kevin did.

2 *Girl:* (　　) do you practice the guitar?

Boy: Twice a week.

㋐ When　㋑ Which　㋒ How often　㋓ What time

4 次の文を読んで，あとの問いに答えなさい。 知 表　36点

Kenta: Look! That gate is really colorful!

Bob: ①What does that (　　) (　　)?

Kenta: It says "Chinatown." I'm very hungry! ②(you / which / do / restaurant / recommend), Mei?

Mei: Let's eat at this restaurant.

Bob: ③(なぜ) do you recommend that restaurant?

Mei: ④(なぜなら) ⑤(それの) spring rolls are delicious.

Kenta: What are spring rolls?

Mei: *Harumaki* ⑥(in, on, from) Japanese.

❶ 下線部①が「あの看板に何と書いてありますか。」の意味になるように，(　)に適切な語を書きなさい。 (完答8点)

❷ 下線部②が「あなたはどのレストランをお勧めしますか」の意味になるように，(　)内の語句を並べかえなさい。 (8点)

❸ 下線部③④⑤を英語になおしなさい。 15点(各5点)

❹ 下線部⑥が「日本語で」の意味になるように，(　)内から適切な語を選びなさい。 (5点)

❺ 次の場合，英語でどう言いますか。(　)内の語数で書きなさい。 表 16点(各8点)

❶ 音楽が好きな友だちに，好きな理由をたずねるとき。(5語)

❷ レストランで，1杯の紅茶(tea)を注文するとき。(7語)

❶	❶			
	❷			
	❸			
	❹			
❷	❶			
	❷			
❸	❶	❷		
❹	❶			
	❷			
	❸ ③	④	⑤	
	❹			
❺	❶			
	❷			

教科書 pp.87-97

Step 1 基本チェック　Lesson 7　Symbols and Signs ~ Project 1

5分

赤シートを使って答えよう！

❶ [have to ～の文]

解答欄

□ ① 私はイヌにえさをあげなければなりません。
I [have] [to] feed my dog.

①

❷ [助動詞must]

□ ① 彼は手を洗わなければなりません。 He [must] wash his hands.

①

❸ [助動詞may]

□ ① ここで泳いでもいいですか。 [May] [I] swim here?

□ ② ミクが彼の名前を知っているかもしれません。
Miku [may] know his name.

①

②

❹ [be able to ～の文]

□ ① エマは日本語を話すことができます。
Emma [is] [able] [to] speak Japanese.

①

POINT

❶ **[have to ～の文]**　have to ～は「(客観的な理由から)～する必要がある」，否定形のdon't have to ～は「～する必要はない」という意味を表す。主語が三人称単数のときは，has to ～，doesn't have to ～とする。

・You have to take off your shoes.　[あなたは靴を脱ぐ必要があります。]

・You don't have to put your shoes into the shoe box.　[あなたは靴を靴箱に入れる必要はありません。]

❷ **[助動詞must]**　〈must＋動詞の原形〉で強い命令や義務，〈mustn't[must not]＋動詞の原形〉で禁止を表す。

・I must study hard this week.　[私は今週，一生懸命に勉強しなければなりません。]

・I mustn't play video games.　[私はテレビゲームをしてはいけません。]

❸ **[助動詞may]**　〈may＋動詞の原形〉は「～かもしれない」，May I ～?で「～してもいいですか」という意味を表す。

①May I start?　[始めてもいいですか。]

②Bob may help you.　[ボブはあなたを手伝ってくれるかもしれません。]

❹ **[be able to ～の文]**　〈be able to＋動詞の原形〉はcanと同じ「～することができる」を表す。

・He is able to read difficult English books.　[彼は難しい英語の本を読むことができます。]

Step 2 予想問題 Lesson 7 Symbols and Signs ~ Project 1

30分 (1ページ10分)

1 ①～⑭は単語の意味を書き，⑮～㉙は日本語を英語になおしなさい。

- ① symbol ( )　② souvenir ( )
- ③ neighbor ( )　④ idea ( )
- ⑤ relax ( )　⑥ hot spring ( )
- ⑦ save ( )　⑧ money ( )
- ⑨ finish ( )　⑩ tomorrow ( )
- ⑪ cross ( )　⑫ slowly ( )
- ⑬ visitor ( )　⑭ emergency exit ( )
- ⑮ ～を意味する ______　⑯ ～させる ______
- ⑰ ～に答える ______　⑱ 準備ができた ______
- ⑲ 休む ______　⑳ 区域，地域 ______
- ㉑ 世界的な，地球上の ______　㉒ 社会 ______
- 点UP ㉓ ～を学ぶ ______　㉔ 言語，ことば ______
- ㉕ オリンピック(の) ______　㉖ 創作する ______
- ㉗ 簡単に ______　㉘ 重要な，大切な ______
- ㉙ 安全 ______

ヒント

1
⑤⑦⑪動詞。
⑯lで始まる。
⑲「休憩(きゅうけい)」という名詞の意味もある。
㉖cで始まる。

2 次の語で最も強く発音する部分の記号を書きなさい。

- ① re-lax (ア イ) ( )
- ② pen-guin (ア イ) ( )
- ③ sou-ve-nir (ア イ ウ) ( )
- ④ i-de-a (ア イ ウ) ( )
- ⑤ vis-i-tor (ア イ ウ) ( )
- ⑥ e-mer-gen-cy (ア イ ウ エ) ( )

2 ミスに注意
「日本語になった英語」の発音・アクセントに特に注意。

3 ( )内に入れるのに最も適切な語を選び，記号で答えなさい。

点UP ① Where am I on this map? —— Let me ( ).
㋐ use　㋑ try　㋒ ask　㋓ see

② You must finish your homework today. —— I ( ) it.
㋐ put　㋑ gave　㋒ got　㋓ had

③ I'm tired. May I ( )?
㋐ rest　㋑ wash　㋒ read　㋓ grow

3
①「ええと。」の意味。
②「わかりました。」の意味。
③「疲れました。」と言ったあと，「～してもいいですか。」とたずねている。

Lesson 7 ~ Project 1

[解答▶p.12]

❹ 日本語に合う英文になるように，____に適切な語を書きなさい。

□ ❶ 今，スマートフォンで話をしてもいいですか。

____ ____ talk ____ my smartphone now?

□ ❷ ほんの冗談だよ。

I was ____ ____.

□ ❸ あなたはからい食べ物が好きですか。――いいえ(そうでもないです)。

Do you like hot food? ―― ____ ____.

点UP □ ❹ 私たちは初めて合唱コンクールで勝ちました。

We won the chorus contest ____ the ____ ____.

□ ❺ 私は，チョコレートを食べすぎました。

I ate chocolate ____ ____.

❺ 次の____に適切な語を下から選んで書きなさい。ただし，同じ語を２度使うことはできません。

□ ❶ Please take ____ your shoes here.

□ ❷ Don't give ____.

□ ❸ U.S.A. stands ____ the United States of America.

□ ❹ I must practice baseball ____ 6 p.m.

until	off	for	up

❻ 次の文を(　)内の指示にしたがって書きかえなさい。

点UP □ ❶ I have to clean my room.（７語で否定文に）

____

□ ❷ My father is on the train now.（「～かもしれない」という意味の文に）

____

□ ❸ I can run very fast.（be動詞を使って，同じ意味の文に）

____

ヒント

❹
❶許可を求める文。
❷「ほんの冗談だよ。」という意味の決まり文句。
❸「そうでもないです」という意味の決まり文句。Noを柔らかくした表現。

❺
❶「靴(くつ)を脱ぐ」
❷「あきらめる」
❸「～を表す」
❹「～まで」

❻
❶１語追加すればよい。
❷be動詞の原形はbe。

have toのhaveやhas toのhasは濁(にご)らないで発音することに注意。

 [解答▶p.12]

7 次の文に対する応答や書きかえとして適切なものを，( )内の指示にしたがって英語で書きなさい。

□ 1 Where is my cap? (ideaを使って「私はわかりません。」と4語で答える)

____

点UP □ 2 You have to memorize your speech. (下線部をTomに変えて)

____

8 次の英文を日本語にしなさい。

□ 1 My father doesn't have to work today.
( )

□ 2 You must find an emergency exit.
( )

□ 3 May I play the game?
( )

9 日本語に合う英文になるように，____に適切な語を書きなさい。

□ 1 ユキは，お母さんの手伝いをしなければなりません。
Yuki ______ ______ ______ her mother.

□ 2 私は今週，ピアノの練習をする必要がありません。
I ______ ______ ______ practice the piano this week.

□ 3 運転手はここで止まらなければなりません。
Drivers ______ ______ here.

□ 4 私たちは学校でスマートフォンを使ってはいけません。
We ______ ______ our smartphones at school.

□ 5 写真を撮ってもいいですか。
______ ______ take pictures?

□ 6 私の母は今，料理をしているかもしれません。
My mother ______ ______ ______ now.

□ 7 ジムは高く跳ぶことができます。
Jim ______ ______ ______ jump high.

10 次の日本語を，( )内の語数で英語になおしなさい。

□ 1 私は毎日，早く起きなくてはなりません。(7語)

____

点UP □ 2 エミは明日，学校に行く必要がありません。(8語)

____

ヒント

7
1「ideaをまったく持っていない」と考える。
2 ミスに注意 主語が三人称単数に変わることに伴い，2語，変える必要がある。

8
3許可を求める文。

have toとmustは否定形では意味が異なるので注意しよう！
don't have to ～は「～する必要がない，～しなくてもよい」で，must not ～は「～してはならない」の意味になるよ。

9
1Yukiは三人称単数。
2「～する必要がない，しなくてもよい」の言い方。
4「～してはならない」の言い方。
6「料理をしている」は進行形〈be＋-ing形〉を使って表す。
7「できる」を3語で表す。

10
1 7語で収まる言い方に。
2「～する必要がない，しなくてもよい」の言い方。

Lesson 7 ～ Project 1

Step 3 予想テスト Lesson 7 Symbols and Signs ~ Project 1

30分 /100点 目標 80点

1 日本語に合う英文になるように，____に適切な語を書きなさい。知 20点（各完答5点）

① レンは2016年に初めてテレビでオリンピックを見ました。
Ren watched the _____ on TV for _____ _____ _____ in 2016.

② 私たちのグローバル社会では，多くの人々が２つの言語を話すことができます。
In our _____ _____, many people can speak two _____.

③ この絵文字は何を意味しますか。—— ええと。「靴を脱いでください。」
What does this pictogram _____?
—— Let me _____. "Please _____ _____ your shoes."

④ 私は簡単にそのレストランを見つけることができました。
I _____ _____ _____ find the restaurant _____.

2 次の文を(　)内の指示にしたがって書きかえなさい。知 14点（各7点）

① He must save money. （６語で「～する必要はありません」という意味の文に）

② Don't give up. （Youで始めて，ほぼ同じ意味の文に）

3 (　)内の意味になるように，____に適切な語を書きなさい。知 20点（各完答5点）

① Emma _____ _____ _____ shopping today. （～に行く必要があります）

② You _____ _____ put your shoes here. （～してはいけません）

③ _____ _____ keep a cat? （～してもいいですか）

④ Andy _____ _____ _____ in the park now. （走っているかもしれません）

4 次の文を読んで，あとの問いに答えなさい。知 表 30点

Aya: What does this sign ①(　　)?
Bob: We can rest here. A rest area?
Aya: That's right. How about this?
Mei: ②We (　　) (　　) (　　) here.
Aya: Right! What does this ③(　　) then?
Kenta: ④(here / to / cross / have / penguins).
Aya: No, Kenta. Penguins cannot read the sign.
Kenta: ⑤I was (　　) (　　). Drivers ⑥(　　) go slowly.

❶ 下線部①③がともに「意味する」の意味になるように，(　)に適切な語を書きなさい。 (5点)

❷ 下線部②が「私たちはここにペットを持ってきてはいけません。」の意味になるように，(　)に適切な語を書きなさい。 (完答8点)

❸ 下線部④が「ペンギンはここを横断しなければなりません。」の意味になるように，(　)内の語句を並べかえなさい。 (6点)

❹ 下線部⑤が「ほんの冗談だよ。」の意味になるように，(　)に適切な語を書きなさい。 (6点)

❺ 下線部⑥が「～しなければいけない」の意味になるように，(　)に適切な語を書きなさい。 (5点)

❺ 次の日本語を，(　)内の語数で英語になおしなさい。表　16点(各8点)

❶ 彼はコンピューターゲーム(computer games)を創作することができます。(7語)

❷ 私たちの社会では，英語は大切です。(6語)

❶	❶				
	❷				
	❸				
	❹				
❷	❶				
	❷				
❸	❶				
	❷				
	❸				
	❹				
❹	❶	❷			
	❸				
	❹		❺		
❺	❶				
	❷				

Step 2 予想問題 Reading ② An Old Woman and a Dog

10分

❶ ①〜⑥は単語の意味を書き，⑦〜⑮は日本語を英語になおしなさい。また，⑯〜⑲は単語の意味と過去形を書きなさい。

□ ① thirsty (　　　　)　□ ② cookie (　　　　)
□ ③ reply (　　　　)　□ ④ tame (　　　　)
□ ⑤ bite (　　　　)　□ ⑥ scream (　　　　)
□ ⑦ 女性 ＿＿＿＿　□ ⑧ グラス ＿＿＿＿
□ ⑨ 静かな ＿＿＿＿　□ ⑩ 〔否定文で〕何も ＿＿＿＿
□ ⑪ 寂(さび)しい ＿＿＿＿　□ ⑫ 〜の内側に ＿＿＿＿
□ ⑬ 〜さえ ＿＿＿＿　□ ⑭ (手を)差し出す ＿＿＿＿
□ ⑮ foot「足」の複数形 ＿＿＿＿

	意味	過去形
□ ⑯ buy	＿＿＿＿	＿＿＿＿
□ ⑰ sit	＿＿＿＿	＿＿＿＿
□ ⑱ think	＿＿＿＿	＿＿＿＿
□ ⑲ say	＿＿＿＿	＿＿＿＿

❷ 日本語に合う英文になるように，＿＿に適切な語を書きなさい。

□ ① グラス１杯のお水をください。
Please give me ＿＿＿＿ ＿＿＿＿ ＿＿＿＿ water.

点UP □ ② あなたは長い間，待ちましたか。
Did you wait ＿＿＿＿ a ＿＿＿＿ ＿＿＿＿?

❸ 次の＿＿に適切な語を下から選んで書きなさい。ただし，同じ語を２度使うことはできません。

□ ① Elly went ＿＿＿＿ the supermarket.
□ ② Please sit ＿＿＿＿.
□ ③ Riku sits at the desk next ＿＿＿＿ me in class.

down	into	to

ヒント

❶
③⑤⑥動詞。
⑧カタカナ語。
⑨qで始まる。
⑩肯定文ではsomethingとなる。
⑫反対語(「〜の外側に」)はoutside。
⑭「〜に達する，届く」の意味もある。
⑯⑰⑱⑲は不規則動詞。

過去のことは動詞の過去形を使って表すよ。一般動詞の過去形は動詞の原形にedやdをつける「規則動詞」と不規則に変化する「不規則動詞」があるよ。

❸
①「〜の中へ入る」
②「すわってください」
③「〜のとなりの」

Step 3 予想テスト Reading ② An Old Woman and a Dog

15分　　/100点　目標 80点

次の文を読んで，あとの問いに答えなさい。知 表　　100点

Meg ①was very afraid (　　) dogs. She asked, "Does your dog bite?" The old woman smiled and said, "No! My dog is very tame. He ②is even afraid (　　) cats!"

Meg ③(take) a cookie in her hand and reached under the table. She ④(put) ⑤it near the dog's mouth. ⑥(the cookie / the dog / bite / didn't). He bit her hand! Meg ⑦(　　) (　　). She screamed, "You said, 'He doesn't bite.'"

The old woman ⑧looked (　　) Meg and then (　　) the dog. Then she said, "That's not my dog!"

❶ 下線部①②がともに「～を恐れていた[いる]」の意味になるように，(　)に適切な語を書きなさい。　(10点)

❷ 下線部③④の動詞を過去形にしなさい。　10点(各5点)

❸ 下線部⑤のitは何を指しますか，本文中の英語２語で書きなさい。　(10点)

❹ 下線部⑥の(　)内の語句を並べかえて，正しい英文にしなさい。　(15点)

❺ 下線部⑦が「跳(と)び上がった」の意味になるように，(　)に適切な語を書きなさい。　(完答15点)

❻ 下線部⑧が「メグとそれからイヌを見た」の意味になるように，(　)に適切な語を書きなさい。ただし(　)には同じ語が入ります。　(10点)

❼ 本文の内容に合っていれば○を，間違っていれば×を書きなさい。　30点(各10点)

ⓐ おばあさんのイヌはネコを恐れている。

ⓑ メグはテーブルの下のイヌにクッキーをあげた。

ⓒ おばあさんのイヌはメグの手にかみついた。

❶	❷ ③	④
❸		
❹		
❺		❻
❼ ⓐ	ⓑ	ⓒ

成績評価の観点　知…言語や文化についての知識・技能　表…外国語表現の能力

[解答▶p.15]

教科書 pp.101-110

Step 1 基本チェック　Lesson 8　Holiday in Hokkaido ~ Tips ④ for Listening

5分

赤シートを使って答えよう！

❶ [未来を表す表現]

□ ❶ 私は明日，祖母を訪ねるつもりです。
I [am] [going] [to] visit my grandmother tomorrow.

□ ❷ あなたは明日，泳ぐつもりですか。
[Are] you [going] [to] swim tomorrow?

□ ❸ 彼女はこの夏，沖縄を訪れるでしょう。
She [will] [visit] Okinawa this summer.

□ ❹ 今日の午後，雨は降らないでしょう。
It [won't] [be] rainy this afternoon.

❷ [助動詞should]

□ ❶ 私たちは毎朝，朝食を食べるべきです。
We [should] eat breakfast every morning.

解答欄

❶

❷

❸

❹

❶

POINT

❶ [未来を表す表現]

①「～するつもりです」と，予定や計画を表すときは〈be動詞＋going to＋動詞の原形〉で表す。be動詞は主語によって使い分ける。

・We are going to visit the zoo.　[私たちは動物園を訪れるつもりです。]
（visit：動詞の原形）

・Are you going to visit the zoo? ── Yes, we are. / No, we are not.
（Are：be動詞を主語の前に）
[あなたたちは動物園を訪れるつもりですか。──はい，そうです。／いいえ，違います。]

②「～するでしょう，～するつもりです」と，未来の予想や意志を表すときは〈will＋動詞の原形〉で表す。

・It will snow tomorrow.　[明日は，雪が降るでしょう。]
（snow：動詞の原形）

③〈won't[will not]＋動詞の原形〉で，「～しないでしょう，～しないつもりです」という意味を表す。

・It won't snow tomorrow.　[明日，雪は降らないでしょう。]　＊won'tはwill notの短縮形

❷ [助動詞should]　〈should＋動詞の原形〉で「～すべきである」という意味を表す。

・You should read this book.　[あなたはこの本を読むべきです。]
（read：動詞の原形）

Step 2 予想問題 Lesson 8 Holiday in Hokkaido ~ Tips ④ for Listening

30分 (1ページ10分)

❶ ①～⑩は単語の意味を書き，⑪～㉖は日本語を英語になおしなさい。

□ ① aunt ( ) □ ② humid ( )
□ ③ warm ( ) □ ④ article ( )
□ ⑤ behavior ( ) □ ⑥ environment ( )
□ ⑦ true ( ) □ ⑧ facility ( )
□ ⑨ display ( ) □ ⑩ cage ( )
□ ⑪ 計画 ______ □ ⑫ 引っ越す ______
□ ⑬ 雪が降る ______ □ ⑭ 明日 ______
□ ⑮ 場面，場所 ______ □ ⑯ 氷 ______
□ ⑰ (否定文で)まだ(～ない) ______ □ ⑱ 現れる ______
□ ⑲ 道，方法 ______ □ ⑳ 着く，到着する ______
点UP □ ㉑ 違い ______ □ ㉒ 事態，状況 ______
□ ㉓ 自然の ______ □ ㉔ 飛ぶ ______
□ ㉕ 村 ______ □ ㉖ 巨大な ______

❷ 下線部の発音が同じなら○，異なるなら×を書きなさい。

□ ① c<u>a</u>mera — f<u>a</u>cility ( )
□ ② w<u>o</u>nderful — sp<u>o</u>t ( )
□ ③ d<u>i</u>splay — env<u>i</u>ronment ( )
□ ④ beh<u>a</u>vior — c<u>a</u>ge ( )

❸ ( )内に入れるのに最も適切な語を選び，記号で答えなさい。

□ ① Which ( ) should we visit in Tokyo?
— I recommend Asakusa.
㋐ date ㋑ view ㋒ spot ㋓ season

□ ② The singer will ( ) on the stage in a few minutes.
㋐ have ㋑ grow ㋒ mean ㋓ appear

点UP □ ③ My father is ( ) home soon.
㋐ trying ㋑ arriving ㋒ bringing ㋓ talking

ヒント

❶
⑨⑩名詞。
⑬「雪」という名詞の意味もある。
⑮映画やドラマの一場面は「ワンシーン」。
⑳aで始まる。
㉓「自然」(名詞形)はnature。
㉖hで始まる。

❷ ミスに注意
「カタカナ語になった英語」の発音・アクセントに特に注意。

❸
①「浅草をお勧めします。」と場所を答えている。

「どの～」と質問する場合は，〈Which＋名詞〉を文頭に置くよ。

❹ 日本語に合う英文になるように，____に適切な語を書きなさい。

□ ❶ あなたの消しゴムを使ってもいいですか。── もちろんです。
Can I use your eraser? ── ____________ ____________.

□ ❷ 私は自分のチームとあなたのチームとの違いがわかります。
I know the ____________ ____________ my team and your team.

点UP □ ❸ ところで，あなたはここに滞在するつもりですか。
____________ the ____________, ____________ you ____________ to stay here?

□ ❹ タクミの夢は実現しました。彼は今，医者です。
Takumi's dream ____________ ____________. He is a doctor now.

❺ 次の____に適切な語を下から選んで書きなさい。ただし，同じ語を２度使うことはできません。

□ ❶ James has an important basketball game ____________ two days.

□ ❷ Please tell me ____________ your vacation.

□ ❸ We got the prize ____________ last.

□ ❹ We can see many kinds ____________ animals in this zoo.

at	in	about	of

❻ 次の文を(　)内の指示にしたがって書きかえなさい。

点UP □ ❶ Mary is going to cook dinner.（下線部をたずねる文に）
____.

□ ❷ It's snowy and cold in Sapporo today.
（下線部をtomorrowに変えて９語で）
____

□ ❸ You study math hard.（「～すべきです」という意味の文に）
____

ヒント

❹
❶最初の語がoで始まる２語の「もちろん」という意味の決まり文句。
❷「～と…との違い」は「～と…との間の違い」と考える。
❸「～するつもり」の疑問文は，be動詞を主語の前に置く。
❹ ミスに注意
夢が実現したのは過去の話であることに注意。

❺
❶「２日のうちに」→「２日したら」と考える。
❷「～について」
❸「ついに，とうとう」
❹「(多くの種類)の」

❻
❶cookも下線に入っているので「何をするか」をたずねる。
❷未来の形にする。

am, is, areなどのbe動詞の原形はすべてbeになるよ。

❼ 次の文に対する応答として適切なものを，( )内の指示にしたがって英語で書きなさい。

□ ❶ May I have some tea? (「はい，どうぞ。」と３語で答える)

____

□ ❷ Will it be rainy tomorrow? (Noで始めて３語で答える)

____

❽ 次の英文を日本語にしなさい。

□ ❶ When are you going to see a movie?

( )

□ ❷ Mike will not come to school tomorrow.

( )

点UP □ ❸ He is arriving at the station in thirty minutes.

( )

❾ 日本語に合う英文になるように，____に適切な語を書きなさい。

□ ❶ あなたたちは今週末，エミを訪ねる予定ですか。──はい，そうです。

______ you ______ ______ visit Emi this weekend?

── Yes, ______ ______.

□ ❷ あなたは今度の日曜日，何をするつもりですか。

______ ______ you ______ to do next Sunday?

□ ❸ 今日の午後は曇りにならないでしょう。

It ______ ______ cloudy this afternoon.

□ ❹ あなたはこの手紙を読むべきです。

You ______ ______ this letter.

❿ 次の日本語を，( )内の語数で英語になおしなさい。

□ ❶ 私は明日スキーをするつもりです。 (５語)

____

点UP □ ❷ 今週末は雪にならないでしょう。 (６語)

____

ヒント

❼

❶youを使った決まり文句。

❷will notの短縮形を使う。

時間や天候を表すときは主語にitを使うよ。このitは「それは」と訳さないよ！

❽

❶be going to ～は未来の予定を述べるときに使う。

❷willは「～だろう」という予想を述べるときに使う。

❸進行形は「(まもなく)～します」と近い未来のことを表すこともある。

❾

❶「あなたたちは」と複数でたずねられていることに注意。

❸空所の数によって，短縮形を使うか使わないかを判断しよう。

❿

❶「スキーをする」はskiと言う。skiは動詞。

❶❷語数に気をつけて短縮形を使うか使わないかを判断しよう。

Step 3 予想テスト　Lesson 8　Holiday in Hokkaido ~ Tips ④ for Listening

30分　/100点　目標 80点

❶ 日本語に合う英文になるように，＿＿に適切な語を書きなさい。知　25点（各完答5点）

❶ あなたは私たちのパーティーに参加しますか。── もちろんです。
Are you ＿＿ ＿＿ join our party? ── ＿＿ ＿＿.

❷ 彼はカメラを買うでしょう。 He ＿＿ buy a ＿＿.

❸ 私たちは自分たちの状況を知るべきです。 We ＿＿ know our ＿＿.

❹ よい自然環境（かんきょう）は動物にとって大切です。 Good ＿＿ ＿＿ is important for animals.

❺ ついにユキの夢が実現しました。 Yuki's dream ＿＿ ＿＿ at ＿＿.

❷ 次の文を（　）内の指示にしたがって書きかえなさい。知　10点（各5点）

❶ I'm going to visit the museum in Tokyo.（下線部をたずねる文に）

❷ It will be sunny this weekend.（6語の否定文に）

❸ （　）内の意味になるように，＿＿に適切な語を書きなさい。知　20点（各完答5点）

❶ I ＿＿ ＿＿ ＿＿ take photos in the zoo.（～するつもりです）

❷ My father ＿＿ ＿＿ TV tonight.（～を見るでしょう）

❸ It ＿＿ ＿＿ snowy next week.（～にならないでしょう）

❹ You ＿＿ ＿＿ this comic book.（～を読むべきです）

❹ 次の文を読んで，あとの問いに答えなさい。知 表　33点

Hanna: Oh, "jewelry ice." We can see it at sunrise.
Aya: I want to take photos of it.
Hanna: Sorry, you ①can't (　　). ②(in / few / appear / a / weeks / it).

〰〰〰〰〰〰〰〰〰〰〰〰〰〰〰〰

Hanna: ③We're (arrive) at Asahiyama Zoo soon. ④(ところで), do you know ⑤the differences (　　) the old zoo (　　) the new Asahiyama Zoo?
Aya: No, I don't. Please tell me about them.
Hanna: You ⑥(　　) read this article, then. ⑦(はい，どうぞ。)

❶ 下線部①が「まだできない」の意味になるように，（　）に適切な語を書きなさい。（4点）

❷ 下線部②が「それは数週間で現れるでしょう。」の意味になるように，1語を補って（　）内の語句を正しく並べかえなさい。（7点）

❸ 下線部③が「私たちは，まもなく旭山動物園に着きます」の意味になるように，（　）内の語を適切な形になおしなさい。（4点）

❹ 下線部④を，３語の英語になおしなさい。 (4点)

❺ 下線部⑤が「古い動物園と新しい旭山動物園の違い」の意味になるように，(　)に適切な語を書きなさい。 (完答6点)

❻ 下線部⑥が「読むべきです」の意味になるように，(　)に適切な語を書きなさい。 (4点)

❼ 下線部⑦を，３語の英語になおしなさい。 (4点)

❺ 次の日本語を，(　)内の語数で英語になおしなさい。 表 12点(各6点)

❶ あなたは今週末，京都を訪れるつもりですか。(８語)

❷ 明日は雨になるでしょうか。(５語)

❶	❶			
	❷			
	❸			
	❹			
	❺			
❷	❶			
	❷			
❸	❶			
	❷			
	❸			
	❹			
❹	❶			
	❷			
	❸	❹		
	❺			
	❻	❼		
❺	❶			
	❷			

教科書 pp.111-121

Step 1 基本チェック　Lesson 9　Helping the Planet ~ Project 2

5分

赤シートを使って答えよう！

❶ [There is[are] ～.の文]

解答欄

□ ① 机の下にネコがいます。 There [is] a cat under the desk.

□ ② 箱の中に10個のボールがあります。
There [are] ten balls in the box.

□ ③ この近くに公園はありますか。――いいえ，ありません。
[Is] there a park near here? ―― No, there [isn't].

□ ④ 体育館に生徒はいますか。――はい，います。
[Are] there any students in the gym? ―― Yes, there [are].

❷ [疑問詞How many ... are there in ～?と数をたずねる文]

□ ① 冷蔵庫の中に卵はいくつありますか。
[How] [many] eggs are there in the fridge?

❸ [look[sound]＋形容詞]

□ ① 彼女は幸せそうに見えます。 She [looks] [happy].

POINT

❶ [There is[are] ～.の文] 「～がある，～がいる」は，There is[are] ～.で表す。

・There is an air conditioner in my house. ［私の家にはエアコンがあります。］
└主語が単数のとき⇒be動詞はis　＊Thereは主語ではない。

・There are a lot of air conditioners in my school. ［私の学校には多くのエアコンがあります。］
└主語が複数のとき⇒be動詞はare

・Is there a piano in your house? ―― Yes, there is. / No, there isn't.
［あなたの家にはピアノがありますか。――はい，あります。／いいえ，ありません。］

・Are there many comic books in your house? ―― Yes, there are. / No, there aren't.
［あなたの家にはたくさんのマンガ本がありますか。――はい，あります。／いいえ，ありません。］

❷ [疑問詞How many ... are there in ～?と数をたずねる文] 〈How many＋名詞の複数形＋are there ～?〉で「～に…はいくつ（何人）ありますか（いますか）」と数をたずねる。

・How many boys are there in your class? ［あなたのクラスには何人の男子がいますか。］
└名詞の複数形

❸ [look[sound]＋形容詞] 「～のように見える[～のように聞こえる]」の意味を表す。

・You look sleepy. ［あなたは眠そうに見えます。］
You：主語　sleepy：形容詞（主語の状態・様子を表す）

・That sounds scary. ［それは怖（こわ）そうに聞こえます。］

Step 2 予想問題 Lesson 9 Helping the Planet ~ Project 2

30分 (1ページ10分)

1 ①～⑧は単語の意味を書き，⑨～㉖は日本語を英語になおしなさい。

- □ ① environmental ( )　□ ② global warming ( )
- □ ③ everywhere ( )　□ ④ melt ( )
- □ ⑤ island ( )　□ ⑥ disappear ( )
- □ ⑦ humidity ( )　□ ⑧ trash ( )
- □ ⑨ 問題 ______　□ ⑩ ～を終える ______
- □ ⑪ (時間的に)遅く ______　□ ⑫ 気候 ______
- □ ⑬ 地球 ______　□ ⑭ 将来，未来 ______
- □ ⑮ 節約する ______　□ ⑯ エネルギー ______
- □ ⑰ 設定する ______　□ ⑱ 上がる ______
- □ ⑲ 感じる ______　□ ⑳ 暖かい ______
- □ ㉑ ～を示す，見せる ______　□ ㉒ 総計 ______
- □ ㉓ ～を燃やす ______　□ ㉔ 通り ______
- □ ㉕ 賛成する ______　□ ㉖ 減少させる ______

2 次の語で最も強く発音する部分の記号を書きなさい。

- □ ① de-gree (ア イ) ( )
- □ ② a-mount (ア イ) ( )
- □ ③ per-cent (ア イ) ( )
- □ ④ re-cy-cle (ア イ ウ) ( )
- □ ⑤ dis-ap-pear (ア イ ウ) ( )
- □ ⑥ hu-mid-i-ty (ア イ ウ エ) ( )

3 ( )内に入れるのに最も適切な語を選び，記号で答えなさい。

□ ① Miyazawa Kenji ( ) a lot of stories.
　㋐ appeared　㋑ produced　㋒ closed　㋓ listened

□ ② You are ( )! ── Yes. It was rainy, but I didn't have an umbrella.
　㋐ full　㋑ wet　㋒ huge　㋓ strong

□ ③ My father is a teacher. He has a busy ( ) life.
　㋐ daily　㋑ ready　㋒ famous　㋓ afraid

ヒント

1
①名詞形はenvironment。
⑤islandのsは発音しないことに注意。
⑥appearの反対の意味の語。
⑨pで始まる。
⑫cで始まる。
⑬eで始まる。
⑰sで始まる。
⑱rで始まる。
㉔「道」という意味の「通り」のこと。

2 ミスに注意
「日本語になった英語」の発音・アクセントに特に注意。

3
①「宮沢賢治は多くの物語を～した」から考える。
②It was以降の文が答えのヒントになる。
③「忙しい〇〇生活」

❹ 日本語に合う英文になるように，____に適切な語を書きなさい。

□ ❶ 母はふつうは，おふろのお湯を42度に設定します。
My mother usually ____________ the bath water at 42 ____________.

□ ❷ いくつかの動物が消えつつあります。それは深刻な問題です。
Some animals are ____________. It's a ____________ ____________.

□ ❸ 私は１週間に少なくとも１冊は本を読みます。
I read ____________ ____________ one book in a week.

□ ❹ 照明を消してください。
Please ____________ ____________ the light.

❺ 次の____に適切な語を下から選んで書きなさい。ただし，同じ語を２度使うことはできません。

□ ❶ I want to be a pilot ____________ the future.

□ ❷ I love animals, ____________ example, rabbits and birds.

□ ❸ There is a lot of trash ____________ the street.

□ ❹ This graph shows the amount ____________ rain in Japan last year.

for	in	of	on

❻ 次の文を(　)内の指示にしたがって書きかえなさい。

点UP □ ❶ Our class has twenty-five students.
(thereを使って，ほぼ同じ意味の文に)

____

□ ❷ There are some bookstores in this town.　(疑問文に)

____

□ ❸ There are three big trees in this park.　(下線部をたずねる文に)

____

□ ❹ You look happy today.　(５語の否定文に)

____

ヒント

❹
❶「42度」の「度」は複数形にする。
❷「～しつつある」は進行形を使って表す。

❺
❶「将来」
❷「たとえば」
❸「～の上に」
❹「～の総計」

❻
❶ ミスに注意
主語が単数か複数かに注意。

have[has]を使った文は，There is[are] ～.の文に書きかえられることがよくあるよ。

❷ ミスに注意
someは疑問文では別の語に変わる。
❸「いくつ」と数をたずねる文にする。
❹lookは一般動詞。

❼ 次の文に対する応答や書きかえとして適切なものを，( )内の指示にしたがって英語で書きなさい。

□ ❶ Is there a college near your house?
(「いいえ，ありません。」と 3 語で答える)

____

□ ❷ How many members are there on your soccer team?
(Thereで始めて，「私のサッカーチームには20人のメンバーがいます。」と 8 語で答える。)

____

❽ 次の英文を日本語にしなさい。

□ ❶ Ren is very popular. On the other hand, he isn't kind.
( )

□ ❷ Let's go shopping. —— That sounds good!
( )

❾ 日本語に合う英文になるように，( )内の語句を並べかえなさい。

□ ❶ ユミはとても眠そうに見えます。
(very / sleepy / looks / Yumi).

______________________________.

得点UP □ ❷ あなたは何人家族ですか。
(in / there / many / are / how / people) your family?

______________________________ your family?

□ ❸ 中華街は横浜にあります。
(in / Chinatown / Yokohama / is).

______________________________.

❿ 次の日本語を，( )内の指示にしたがって英語になおしなさい。

得点UP □ ❶ あの少年はとても悲しそうに見えました。 (5 語で)

____

□ ❷ この町には大きな病院が 1 つもありません。 (anyを使って，8 語で)

____

ヒント

❼
❶短縮形を使う。
❷「私のサッカーチーム」で答える。

「〜に…はいくつありますか(何人いますか)」と質問する場合は，How many ... are there in 〜?とする。このとき，必ずare thereと複数の形になることに注意！

❽
❷「〜そうに聞こえる」は「〜そうですね」と訳せる。

❾
❷英文を直訳すると「あなたの家族には何人の人がいますか」となる。
❸具体的なものについて「〜は…にある」と述べる場合は，その具体的なものを主語にする。

❿
❶過去の文。
❷「1つも〜ない」はanyを使う。また，数えられる名詞(病院)は，この場合，常に複数形になる。

Lesson 9 ~ Project 2

Step 3 予想テスト Lesson 9 Helping the Planet ~ Project 2

30分

/100点

目標 80点

1 日本語に合う英文になるように，____に適切な語を書きなさい。知　20点（各完答5点）

1 少なくとも15人の生徒が宿題を終わらせていませんでした。
______ ______ 15 students didn't ______ their homework.

2 気候の変化は世界中で深刻な問題です。
______ change* is a ______ ______ around the world.　*change「変化」

3 私たちは日常生活でたくさんのエネルギーを使っています。
We use a lot of ______ in our ______ lives.

4 私たちはごみの量を減らさなくてはなりません。 We have to ______ the ______ of trash.

2 日本語に合う英文になるように，(　)内の語句を並べかえなさい。知　15点（各5点）

1 あなたの学校には生徒が何人いますか。
(many / students / how / there / are) in your school?

2 この図書館にはマンガ本はありますか。
(there / any / books / comic / are) in this library?

3 このケーキ，おいしそうに見えますね。 (cake / this / delicious / looks).

3 次の対話文について(　)に入れるのに，最も適切な文の記号を書きなさい。知　12点（各6点）

1 *Father:* Let's go to the sea.
Girl: (　　) I love swimming.
㋐ Long time no see.　㋑ That sounds great.
㋒ Here you are.　㋓ I have no idea.

2 *Boy:* Are there any interesting TV programs* on TV today?
Girl: (　　) But there is one on TV tomorrow.
㋐ Yes, there is.　㋑ No, there isn't.
㋒ Yes, there are.　㋓ No, there aren't.　*program「番組」

4 次の文を読んで，あとの問いに答えなさい。知 表　37点

Kenta: You recycle a lot in Singapore!
Aya: Singapore doesn't ①(　　) so much trash. Japan ②(　　) a lot of trash.
Bob: Are there many trashcans on the street in Singapore?
Mei: Yes, ③(　　)(　　).
Bob: There aren't many on the street in Japan, but the streets ④(　　)(　　).

　成績評価の観点 知…言語や文化についての知識・技能 表…外国語表現の能力

Mei: ⑤(私も同意します。) How about our school? ⑥(there / many / trashcans / how / are) in our school?

Kenta: One in every classroom.

❶ 下線部①②が「生み出す」の意味になるように，(　)に適切な語を，必要に応じて適切な形にして書きなさい。 10点(各5点)

❷ 下線部③の(　)に適切な語を書きなさい。 (完答8点)

❸ 下線部④が「清潔に見える」の意味になるように，(　)に適切な語を書きなさい。 (完答7点)

❹ 下線部⑤を，2語の英語になおしなさい。 (6点)

❺ 下線部⑥の(　)内の語句を並べかえて，正しい英文にしなさい。 (6点)

❺ 次の場合，英語でどう言いますか。thereを使って(　)内の語数で書きなさい。 表 16点(各8点)

❶ 友だちに，その友だちの町に図書館がいくつあるかたずねるとき。(8語)

❷ 家族の人数を聞かれて，4人家族だと答えるとき。(7語)

❶	❶		
	❷		
	❸		
	❹		
❷	❶		
	❷		
	❸		
❸	❶	❷	
❹	❶ ①	②	
	❷		
	❸		
	❹		
	❺		
❺	❶		
	❷		

[解答▶p.18]

Step 2 予想問題 Reading ③ The Golden Dipper

10分

1 ①～⑥は単語の意味を書き，⑦～㉒は日本語を英語になおしなさい。

□① stream ( ) □② dry ( )
□③ anywhere ( ) □④ fall ( )
□⑤ stranger ( ) □⑥ rise ( )
□⑦ 前に ______ □⑧ 死ぬ ______
□⑨ 草，草地 ______ □⑩ 驚いた ______
□⑪ 興奮した ______ □⑫ 十分な ______
□⑬ 与える ______ □⑭ ～になる ______
□⑮ 銀の ______ □⑯ いずれにせよ ______
□⑰ よりよく ______ □⑱ 同じ ______
□⑲ とうとう ______ □⑳ 突然 ______
□㉑ ～を差し出す ______ □㉒ 空(そら) ______

2 日本語に合う英文になるように，____に適切な語を書きなさい。

点UP □① ケンは母のために誕生日プレゼントを探しました。
Ken ______ ______ a birthday present for his mother.

□② その小さな男の子は疲れて眠りに落ちました。
The little boy got ______ and ______ ______.

□③ 冷蔵庫は食べ物でいっぱいでした。
The fridge ______ ______ of food.

3 次の____に適切な語を下から選んで書きなさい。ただし，同じ語を２度使うことはできません。

□① Some animals died ______ thirst.
□② I woke ______ early this morning.
□③ My mother asked ______ my help.
□④ The students came ______ of the classroom.

out	of	up	for

ヒント

1
①名詞。
②④⑥動詞。
⑦「昔々」はlong, long ＋？。
⑯「どうせ，どのみち」という意味。
⑱反対の意味の語はdifferent。
⑲final「最後の，最終の」の関連語。
㉑oで始まる。

2
①「～を探す」という熟語。
②「私は疲れている」はI'm＋？。
③「～でいっぱいである」という熟語。過去形の文。

❷は全部，過去形の文だね。過去形はbe動詞の場合は，am，isはwasになって，areはwereになる。一般動詞は過去形にするとき，動詞にdとedをつける規則動詞と，形が不規則に変化する不規則動詞があったね。(→Lesson 4)

3
①「～で死ぬ」
②「目を覚ます」
③「～を求める」
④「～から出てくる」

Step 3 予想テスト Reading ③ The Golden Dipper

15分　/100点　目標 80点

次の文を読んで，あとの問いに答えなさい。 知 表　100点

The girl ①(　　) the dipper (　　) and handed it to her mother. The mother ②(say), "I ③am going to die anyway. You'd better drink it yourself." She ④(give) the dipper back to the girl. ⑤(同時に), the silver dipper ⑥(become) golden.

The girl ⑦(think), "I can finally have a sip." ⑧(　　) a stranger came in and asked for some water. The girl swallowed her saliva and offered the dipper to the stranger.

⑨(　　), on the small dipper, seven huge diamonds appeared and a stream of clean, fresh water ran out of it.

Then, ⑩the seven diamonds rose up to the sky and became the Big Dipper.

❶ 下線部①が「ひしゃくを家に持ち帰った」の意味になるように，(　)に適切な語を書きなさい。（完答15点）

❷ 下線部②④⑥⑦の動詞を過去形にしなさい。20点（各5点）

❸ 下線部③とほぼ同じような意味を表す別の１語を書きなさい。（10点）

❹ 下線部⑤を，４語の英語になおしなさい。（10点）

❺ 下線部⑧⑨がともに「突然」の意味になるように，(　)に適切な語を書きなさい。（5点）

❻ 下線部⑩を日本語になおしなさい。（10点）

❼ 本文の内容に合っていれば○を，間違っていれば×を書きなさい。30点（各10点）

ⓐ お母さんは，少女が差し出した水を飲んだ。

ⓑ 少女は，とうとうひと口だけ水を飲むことができた。　ⓒ 少女は見知らぬ人に水をあげた。

❶			
❷ ②	④	⑥	⑦
❸			
❹			
❺			
❻			
❼ ⓐ	ⓑ	ⓒ	

Reading ③

Step 2 予想問題 Further Reading The Letter

10分

❶ ①～⑥は単語の意味を書き，⑦～⑯は日本語を英語になおしなさい。

- □ ① matter (　　　)
- □ ② ever (　　　)
- □ ③ mailbox (　　　)
- □ ④ envelope (　　　)
- □ ⑤ snail (　　　)
- □ ⑥ still (　　　)
- □ ⑦ 前方 ＿＿＿＿
- □ ⑧ 郵便物 ＿＿＿＿
- □ ⑨ 送る ＿＿＿＿
- □ ⑩ 空(から)の ＿＿＿＿
- □ ⑪ いっしょに ＿＿＿＿
- □ ⑫ 何か ＿＿＿＿
- □ ⑬ 急ぐ ＿＿＿＿
- □ ⑭ 紙 ＿＿＿＿
- □ ⑮ 窓 ＿＿＿＿
- □ ⑯ うれしい ＿＿＿＿

ヒント

❶
①名詞。problemも同様の意味。
⑦fで始まる。
⑪tで始まる。
⑯gで始まる。

❷ 日本語に合う英文になるように，＿＿に適切な語を書きなさい。

□ ① 「ティム，どうしたの？」とお母さんは言いました。
“What is ＿＿＿＿ ＿＿＿＿, Tim?” said his mother.

□ ② すぐに宿題をしなさい。
Do your homework ＿＿＿＿ ＿＿＿＿.

□ ③ ピザを１枚もらえますか。
Can I have a ＿＿＿＿ ＿＿＿＿ pizza?

❷
①「どうしたの？」という意味の決まり文句。

❸ 次の＿＿に適切な語を下から選んで書きなさい。ただし，同じ語を２度使うことはできません。

□ ① A cat is sitting ＿＿＿＿ the bench.

□ ② My dog is sleeping ＿＿＿＿ the time.

□ ③ Finally, we got ＿＿＿＿ the station.

点UP □ ④ Emily is waiting ＿＿＿＿ a letter from her grandmother.

for	on	to	all

❸
①「～の上にすわる」
②「ずっと」
③「～に到着する」
④「～を待つ」

❸の①②④は「～しているところです[しています]」という現在進行形の文だね。現在進行形は，〈be動詞＋動詞の-ing形〉で表すよ。(→Lesson 5)

Step 3 予想テスト Further Reading The Letter

15分　/100点　目標 80点

次の文を読んで，あとの問いに答えなさい。知 表　100点

"Frog, ①(なぜ) are you looking out of the window ②(every, all, always) the time?" asked Toad.

"③(なぜなら) now I ④(wait) for the mail," said Frog.

"But ⑤no mail (　　) come," said Toad.

"Oh, yes," said Frog, "because I ⑥(send) a letter to you."

"You did?" said Toad.

"⑦What did you write in the letter?"

Frog said, "I ⑧(write) 'Dear Toad, I am glad that you are my best friend. Frog.'"

"Oh," said Toad, "that is a very good letter."

Then Frog and Toad went out onto the front porch and waited ⑨(for, to, at) the mail.

They sat there. They were happy together.

❶ 下線部①③を英語になおしなさい。 10点(各5点)

❷ 下線部②⑨の(　)内から適切な語を選びなさい。 10点(各5点)

❸ 下線部④⑥⑧の動詞を，前後の文や時制を表す語を手がかりに適切な形にしなさい。ただし，1語になるとは限りません。 30点(各10点)

❹ 下線部⑤が「手紙は来ないでしょう」の意味になるように，(　)に適切な語を書きなさい。 (10点)

❺ 下線部⑦を日本語になおしなさい。 (10点)

❻ 本文の内容に合っていれば○を，間違っていれば×を書きなさい。 30点(各10点)

ⓐ ガマくんは手紙は1通も来ないと思っていた。 ⓑ ガマくんはカエルくんに手紙を送った。

ⓒ カエルくんとガマくんはいっしょに手紙が来るのを待った。

❶ ①	③	❷ ②	⑨
❸ ④	⑥	⑧	
❹			
❺			
❻ ⓐ	ⓑ	ⓒ	

[解答▶p.20]

テスト前 ☑ やることチェック表

① まずはテストの目標をたてよう。頑張ったら達成できそうなちょっと上のレベルを目指そう。
② 次にやることを書こう（「ズバリ英語〇ページ，数学〇ページ」など）。
③ やり終えたら□に✓を入れよう。
最初に完ぺきな計画をたてる必要はなく，まずは数日分の計画をつくって，
その後追加・修正していっても良いね。

目標

	日付	やること 1	やること 2
2週間前	/	□	□
	/	□	□
	/	□	□
	/	□	□
	/	□	□
	/	□	□
	/	□	□
1週間前	/	□	□
	/	□	□
	/	□	□
	/	□	□
	/	□	□
	/	□	□
	/	□	□
テスト期間	/	□	□
	/	□	□
	/	□	□
	/	□	□
	/	□	□

キリトリ線

QRコードのページに登録すると，「ぴたリンク」からも表をダウンロードできるよ

テスト前 ☑ やることチェック表

① まずはテストの目標をたてよう。頑張ったら達成できそうなちょっと上のレベルを目指そう。
② 次にやることを書こう（「ズバリ英語〇ページ，数学〇ページ」など）。
③ やり終えたら□に✓を入れよう。
最初に完ぺきな計画をたてる必要はなく，まずは数日分の計画をつくって，
その後追加・修正していっても良いね。

目標

	日付	やること 1	やること 2
2週間前	／	□	□
	／	□	□
	／	□	□
	／	□	□
	／	□	□
	／	□	□
	／	□	□
1週間前	／	□	□
	／	□	□
	／	□	□
	／	□	□
	／	□	□
	／	□	□
	／	□	□
テスト期間	／	□	□
	／	□	□
	／	□	□
	／	□	□
	／	□	□

QRコードのページに登録すると，「ぴたリンク」からも表をダウンロードできるよ

教育出版版 英語1年 ワンワールド　定期テスト ズバリよくでる　解答集

Springboard

p.3 Step 2

❶ 1 リンゴ　2 太陽　3 ジュース
4 日本　5 水曜日　6 11月
7 map　8 dog　9 guitar
10 red　11 baseball　12 ten
13 Saturday　14 July

❷ 1 イ　2 イ　3 ウ

❸ 1 イ　2 エ　3 ウ　4 ア

❹ 1 オ　2 エ　3 ア　4 イ　5 カ　6 ウ

考え方

❶ 英単語は意味だけではなく，発音とつづりにも注意しよう。
1「リンゴ」はpを重ねてappleと書く。発音は「アポー」に近い音。「アップル」のようにはねないので注意。
5「水曜日」。Wednesdayのdは発音しない。曜日の言い方はすべて覚えておこう。
6「11月」のこと。月の名前もすべて覚えよう。
9 語の末尾が-tarで終わる。カタカナ語の発音と異なり，tarが強く読まれる。
13 曜日はすべて大文字で始める点に注意。ちなみにSaturnは「土星」のこと。
14 Julyは，ローマの将軍Julius Caesar「ジュリアス・シーザー」が7月に生まれたことに由来する。月の名前もすべて大文字で書き始める。

❷ 1と2はいずれも真ん中の部分を強く発音する。カタカナ語の読みと英語の発音が異なることが多いので注意しよう。3は-linを強く発音する。

❸ 1 Nice to meet you.と言う。あいさつの表現。答えるときは，Nice to meet you, too.「私もあなたに会えてうれしいです。」と言う。
2 How are you?と言う。「お元気ですか。」「こんにちは。」という意味で，人に会ったときのあいさつの表現。
3「私はおすしが好きです。」はI like sushi.と言う。
4 How are you?に対する応答の表現の1つで，I'm fine, thank you.と言う。「(体調を聞いてくれて)ありがとう。」という意味で，Thank you.を加える。

❹ 1 What「何を」，can do「できる」。
2 What「何に」，want to be「なりたい」。
3 stand up「立ち上がる，起立する」。
4 pair「2人1組」。get into ～「～になる」。
5 have a question「質問がある」。
6「すみません。」「失礼します。」と言うときの決まり文句。

Lesson 1

pp.5-6 Step 2

❶ 1 教科　2 マンガ　3 作家　4 親愛なる～
5 シドニー　6 サーフィン　7 タコ
8 あなた自身　9 favorite　10 any
11 interesting　12 free
13 popular　14 but

❷ 1 イ　2 イ　3 イ

❸ 1 call me　2 get up
3 go to　4 free time

❹ 1 What　2 What animal(s)

❺ 1 I live in Tokyo.
[Osaka, Fukuokaなど]
2 I like Ms. King.

❻ 1 あなたのお父さんは何歳ですか。
2 あなたのお母さんの誕生日はいつですか。

❼ 1 I like playing tennis.
2 It is[It's] exciting.

考え方

❶ 1 my favorite subjectなら「私の大好きな[お気に入りの]教科」のこと。
4 手紙などの書き出しの言葉。
5 オーストラリアの都市。
6 「波乗り」のこと。
9 語の末尾に-eがつくことに注意。
12 語の末尾が-eeとなる点に注意。
13 「ポップミュージック」のポップはpopularからきている。

❷ いずれも真ん中の部分を強く発音する。3は「カタカナ語の発音は[スパゲッティ]だが，英語では[スパゲーティ]に近い音になる。

❸ 1 「～を…と呼ぶ」はcall ～ ...の語順。
2 「起きる」を2語で表す場合get upを使う。
3 「寝る」は英語では「ベッドに行く」と表現する。
4 「自由にできる時間」は「自由時間」(free time)と表現する。

❹ 1 「あなたのお気に入りの食べ物は何ですか。」という文にする。「何」はwhat。
2 「何の動物」はWhatのあとにanimal(s)を続ける。1種類の動物を答えてほしいときはanimalと単数形で，何種類かの答えを期待するときは複数形にする。

❺ 1 「あなたはどこに住んでいますか。」という質問。I live inのあとに住んでいる都道府県を続ける。inは「～に」の意味。
2 「あなたが大好きな先生はだれですか。」I like Ms. King.と答える。問題指示文がなければ質問文の表現を利用してMy favorite teacher is Ms. King.と答えることもできる。

❻ 1 How old は「どれくらい古いですか」という意味だが，人について聞く場合は，「何歳ですか」という意味で使う。
2 whenは「いつ」という意味で，日付や曜日などをたずねるときに使う。

❼ 1 日本語の語順と英語の語順は異なる。「私はテニスをすることが好きです。」は英語では「私は(主語)／好きです(動詞)／テニスをすることを(playing tennis)」になる。
2 「それは」はItで表す。文の始まりは大文字にすることにも注意しよう。「わくわくし」はexcitingで表現する。日本語の「ます」にあたる動詞はis。

pp.7-8 Step 3

❶ 1 like interesting
2 What time
3 very popular
4 but I don't

❷ 1 Who is your English teacher(?)
2 How many caps do you have(?)

❸ 1 ウ 2 エ 3 イ 4 オ 5 カ 6 ア

❹ 1 Please call 2 Do you like
3 I like playing baseball(.)
4 What is[What's] your favorite subject?

❺ 1 (Hello.) I am[I'm] Sato Erika. Please call me Eri.
2 I am[I'm] from Tokyo.
3 I like playing basketball.
4 It is[It's] exciting.
5 My favorite subject is music. (Thank you.)

考え方

❶ 1 「好きです」はlike。「おもしろい」はinteresting。
2 「何時に」はWhat timeでたずねる。
3 「とても」はvery。「人気がある」はpopular。
4 「しかし」はbut。「弾きません」はdon't

playで表す。

❷ 1 英語の語順は「だれが／ですか／あなたの／英語の／先生。」となる。Whoのあとに動詞isがくることに注意しよう。

2 How many「いくつ」のhowは大文字で始めて文頭に出す。How many capsとし，そのあとに疑問文の形でdo you haveと続ける。

❸ 1 「あなたの大好きなスポーツは何ですか。」

2 「毎週日曜日には何をしますか。」に対しては，「ギターを弾く」など，していることを答える。

3 「あなたの誕生日はいつですか。」

4 「あなたの大好きな作家はだれですか。」

5 「お元気ですか。」に対しては，「はい，元気です，(体調を聞いてくれて)ありがとう」と答える。

6 「あなたは何時に起きますか。」

❹ 1 「呼ぶ」はcallを使う。

2 likeなどの一般動詞の疑問文はDoで始める。

3 I likeで始めて，playing baseball「野球をすること」を続ける。

4 「～は何ですか」はWhatで始め，そのあとに動詞isを続ける。文の終わりに「?」を忘れずにつける。

❺ 1 名前を名乗る場合はI am[I'm] ～.とする。

2 出身はI'm from ～.で表す。

3 「～が好きです」は，I likeで始める。

4 「それはわくわくします。」はIt is[It's] exciting.と表現する。

5 「私のいちばん好きな教科は～です。」はMy favorite subject is ～.と表す。

Lesson 2

pp.10-11 Step 2

❶ 1 **メートル** 2 **冷蔵庫** 3 **いつでも**
4 **それらの，あれらの** 5 **～のような[に]**
6 **～をうらやましく思う** 7 **クラスメート**
8 **皆さん** 9 **飛ぶ** 10 **言語**
11 early 12 family
13 often 14 they 15 after
16 them 17 so 18 some
19 keep 20 live

❷ 1 ア 2 ア 3 ア

❸ 1 Me, too 2 right
3 on the Internet

❹ 1 Is that your
2 can't[cannot] play chess

❺ 1 I play soccer.
2 No, they can't[cannot].

❻ 1 **私は毎日，朝食にサラダを食べます。**
2 **あなたはバッグをいくつ持っていますか。**

❼ 1 Do you often sing?
2 I have some comic books.

考え方

❶ 3 副詞。any「どんな」+ time「とき(も)」からも考えられる。

4 thatの複数形。

5 前置詞のlikeは「～のような」の意味。

6 I envy you.「うらやましいなあ。」のように使う。

13 つづりの中の-t-は，発音したりしなかったりする。

18 発音は「サム」だが，つづりは-o-になる。

❷ いずれも最初の部分を強く発音する。3 は「カタカナ語は[キャ**ラ**クター]だが，英語では[**キャ**ラクター]のように発音する。

❸ 1 「～も」はtooを使って表す。

2 rightは「正しい」という意味。文のあとにつけると「正しいよね？」→「ですよね？」という意味になる。

3 「インターネットで」という場合の「で」はonで表す。Internetは常にtheをつける。

❹ 1 動詞isを含む文の疑問文は，主語とisの位置を入れかえ，Is that ～?となる。「あれがあなたのアパートですか。」

2 canを使った文の否定文はcanにnotをつける。空所が3つなのでcan'tまたはcannotにする。「私の兄[弟]はチェスができません。」

❺ 1 質問は「あなたは放課後何をしますか。」である。「サッカーをする」はplay soccer。

2 Can those boys ski? に対してNoと言う場合，canのあとにnotを加えることを忘れないようにしよう。また，応答するとき，those boysはtheyを使って表すことにも注意しよう。

❻ 1 eatは「食べる」。for breakfastは「朝食に」。

2 How manyは「どれくらい多くの」の意味で，「いくつ」と訳すとよい。How many bagsなら「バッグをいくつ(いくつのバッグを)」である。

❼ 1 「あなたは歌いますか」はDo you sing? となる。「よく」はoftenで，singの前に入れる。oftenと同様にsometimesやalwaysなどの頻度を表す語はふつう，一般動詞の前にくる。

2 「私は(主語)＋持っています(動詞)＋マンガ本を」という語順にする。マンガ本の前に「何冊かの」を表すsomeをつけるが，「本」を複数形にすることを忘れないようにしよう。

pp.12-13 Step 3

❶ 1 keep[have] pets or

2 They after

3 for often

❷ 1 What kind of music (do you like?)

2 I don't have any soccer balls(.)

❸ 1 イ 2 エ

❹ 1 any 2 some

3 I can't keep a pet

4 No

❺ 1 Yes[Yes, I do]. I like tennis.

2 Me, too. I have many comic books.

3 I like Italian food.
I love pizza[I like pizza very much].

4 No, I can't.
But my mother is good at cooking.

考え方

❶ 1 「～を飼う」はkeepまたはhaveで表す。「何か」はany。「AかB」はA or B。

2 「彼らは」はThey。「～のあとに」はafter。

3 「朝食に」の「に」はforを使う。「しばしば」はoften。頻度を表す語は一般動詞の前にくる。

❷ 1 「どんな種類の～」はWhat kind of ～? で表す。kindは「種類」，ofは「～の」という意味。

2 「持っていません」はhaveの前にdon'tをつける。anyは否定文で「少しも，1つも」の意味。

❸ 1 対話文ではandやbutなどの語に注意する。「スノーボードができますか。」に対して「でもスキーはできます。」と答えているので，スノーボードについては「できない」と否定したことがわかる。canで聞かれたことを否定するときは，can'tで答える。

2 「音楽を聞くのが好きです。」に対する応答なので，音楽を聞くことに関係する内容を選ぶ。

❹ 1 「何かペット」はwhat petsとは言えない。ここは疑問文で「何か」の意味のanyが入る。

2 「何匹かの」は，「いくつかの，数匹の」の意味なのでsomeが正解。

3 英語の語順は〈主語＋動詞＋その他〉が基本で，can't「できない」などの否定語は，動詞の前に置く。

4 You can't?「できないの？」と否定形で聞かれて「できない」と答える場合は，日本語では「はい，できません。」と答えるが，英語ではNo, I can't.と答える。

❺ 1「スポーツは好きですか。」など，Do you ～? という質問に対してはYes / Noで答えるのが基本。ここはYes.である。

2「私はマンガ本を読むのが好きです。」に対して「私もです。」はMe, too.と言う。「たくさんのマンガ本」はmany comic books。manyがつくと名詞が複数形になる点に注意。

3「あなたの大好きな食べ物は何ですか。」に対して「イタリア料理が好きです。」と答える場合は，I like Italian food.となる。「大好き」はloveやlike ～ very muchで表せる。

4「料理はできますか。」に対して「いいえ，できません。」はNo, I can't.と言う。

Lesson 3

pp.16-17 Step 2

❶ 1 自転車 2 そこに[で]，そこへ 3 忙しい
4 皆さん，みんな 5 メンバー
6 パフォーマンス 7 勝つ 8 競技会
9 person 10 practice 11 his
12 her 13 grow 14 other
15 another 16 their 17 tall
18 know

❷ 1 × 2 ○

❸ 1 has lot of 2 likes very much For example

❹ 1 on 2 from 3 at

❺ 1 watches
2 studies 3 uses 4 has

❻ 1 Tom goes jogging in the park.
2 Does Liz enjoy dancing?
3 Sho doesn't play the trumpet.

❼ 1 Yes, she does.
2 No, he doesn't.

❽ 1 私はあなたに私の親友についてお話しします。
2 私は彼が次のバスケットボールの試合に勝てばいいなと思います。

❾ 1 My father runs a restaurant.
2 Rio doesn't speak Chinese.

考え方

❶ 2 副詞。3 形容詞。
4 代名詞。oneには「人」の意味がある。
6「演技」という意味もある。
8 カタカナ語の「コンテスト」と同じ意味。
13「成長する」という意味もある。
15 an + otherの組み合わせで作られた語。単数の名詞を修飾する。
16 they-their-themと覚える。

❷ 1 garden[ɑː]とtall[ɔː]。2 どちらも[i]。

❸ 1 Miyuは三人称単数なのでhaveではなく，hasとする。「たくさんの～」は，a lot of ～。
2 Billも三人称単数。「～が大好き」はlike ～ very muchで表せる。

❹ 1 日付や曜日，週末を表す語の前にはonをつける。on weekends「週末に」。
2「～出身」はfromで表す。
3「～を見る」はlook at ～を使う。

❺ 1 ス，シュ，チの音で終わる動詞には，esをつける。
2 子音字 + yで終わる語はyをiに変えてesをつける。
3 eで終わる語にはsをつける。
4 haveの三人称単数形はhasである。

❻ 1 Tomは三人称単数なので動詞の形をgoesにする。「トムは公園にジョギングに行きます。」
2 三人称単数の文を疑問文にするには，Doesを文頭に置く。動詞は原形にする。「リズはダンスを楽しんでいますか。」
3 三人称単数の文の否定文は，〈主語 + does not[doesn't] + 動詞の原形〉の形。「ショー

はトランペットを吹きません。」

❼ 1「あなたの祖母は花を育てていますか。」という質問。答えるときは，your grandmotherは代名詞sheに変え，Yesの場合は，文の終わりにdoesを入れる。

2「あなたの祖父は水泳が好きですか。」という質問。答えるときは，your grandfatherは代名詞heに変え，文の終わりにdoes not[doesn't]を入れる。ここは語数の関係でdoesn'tが入る。

❽ 1 aboutは「～について」という意味。

2 I hope ～ will ...は「～が…するといいなと思う」という意味。

❾ 1「～を経営する」はrun。My fatherが三人称単数なので，runsとする。

2 Rioが三人称単数なので，「話さない」という否定はdoesn't speakとなる。

pp.18-19 Step 3

❶ 1 studies hard

2 practices on weekends

3 plays Does play other

4 doesn't grow

5 has For example

❷ 1 (What) food does Amy like(?)

2 (My mother) gets up early in the morning(.)

3 He doesn't watch TV dramas(.)

❸ 1 ウ 2 エ

❹ 1 ① has ② like

2 ③ he does ⑤ he doesn't

3 Sounds nice.

❺ 1 She likes sushi and other Japanese food.

2 Miki speaks English but she doesn't speak Chinese.

考え方

❶ 1 My brotherが三人称単数なので，動詞studyをstudiesにする。

2 Nancyが三人称単数なので，動詞practiceをpracticesにする。

3 Heが三人称単数なので，疑問文は〈Does＋he＋動詞の原形〉にする。

4 三人称単数の否定文は〈主語＋doesn't＋動詞の原形〉にする。

5「たとえば」はfor example。

❷ 1「どんな食べ物」は，What foodとする。そのあと，〈does＋Amy＋動詞の原形〉にする。

2「朝早く」は英語では「早く」を先に出し，early in the morningと言う。

3 三人称単数の否定文は〈主語＋doesn't＋動詞の原形〉にする。

❸ 1 少年の質問に対して，少女は「彼女はよく図書館でそれらを読んでいます。」と答えている。よって空所に入るのはYesのアかウだが，Does ～?で聞かれているのでウが正解。

2 少年の質問に対して，少女は「いいえ，彼女は違います。彼女は日本語を勉強しています。」と答えている。よって少年の質問はエ「メイは中国語を勉強していますか。」になる。

❹ 1 ①haveの三人称単数現在形はhas。
②Does heに続く動詞は原形になる。

2 ③⑤Does he ～?という質問にYesと答える場合は，Yes, he does.になり，Noと答える場合は，No, he doesn't.になる。

3 Sounds nice.「すてきに聞こえますね。」→「すてきですね。」

❺ 1 彼女が主語なので「好きです」はlikesになる。「ほかの」はother。

2 否定文「中国語は話しません」の動詞はdoesn't speakとする。また，Mikiをくり返さずsheで受ける点に注意。

Lesson 4 ～ Tips ① for Writing

pp.22-23 Step 2

❶ 1 **その代わりに** 2 **まさに** 3 **～の間に**
4 **更新する** 5 **テント** 6 **怖い，恐ろしい**
7 evening 8 difficult 9 soon 10 stay
11 parent 12 last 13 minute 14 say
15 attack 16 lucky

❷ 1 イ 2 イ 3 ア

❸ 1 went 2 saw 3 ate 4 started 5 had
6 got 7 did 8 stayed 9 enjoyed
10 came 11 slept 12 shot

❹ 1 went back 2 Soon, built
3 every ten minutes

❺ 1 with 2 about 3 of 4 out

❻ 1 came, a.m. 2 didn't watch, last night
3 was, enjoyed 4 wasn't so difficult

❼ 1 Did Ken get up at seven this morning?
2 Was the soccer game great?

❽ 1 **久しぶり！ 休み中はニュージーランドにいたのですか。**
2 **あなたの自転車かっこいいですね！ あなたのお父さんがそれをあなたの誕生日に買った[買ってくれた]のですか。**

❾ 1 I ate a lot last night.
2 Did you go to the summer festival last year?

考え方

❶ 1 2 副詞。 3 前置詞。
4「最新のものにする」という意味。
10「滞在」という名詞の意味もある。

❷ 1 [インス**テー**ド]と後ろを強く発音する。
2 [ヴェイ**ケイ**ション]と真ん中の音を強く発音する。
3 [**ナ**ショナル]と最初の音を強く発音する。

❸ 1 2 3 5 6 7 10 11 12は不規則変化をする。
8 9は〈母音字＋y〉なので，yをiにせずにそのままedがつくことに注意。

❹ 1「帰っていった」はwent back to (Australia)とする。came back to ～「帰ってきた」としないこと。
2「すぐに」はSoon。「テントを組み立てる」はbuild a tentと言う。
3「～おき」は〈every＋時間・期間〉で表す。

❺ 1 withは「～で，～と一緒に」の意味。
2 How about you?「あなた(について)はどうですか。」という意味の決まり文句。
3 kind ofで「ちょっと，やや」という意味。
4 out of ～で「～から外へ，～の外に」。訳は「地面の外に熱い湯が噴き出している。」

❻ 1「来ました」はcomeの過去形cameで表す。「午前8時」は8 a.m.。
2「見なかった」という過去の否定形はdidn't watch。didn'tのあとに続く動詞は原形にする。
3「すばらしかった」はbe動詞の過去形was (wonderful)で表す。「楽しんだ」はenjoyed。
4「難しくなかった」はwasn't difficult。so「そんなに」はdifficultの前につける。

❼ 1 Ken got upなので，疑問文はDidを主語Kenの前に出し，動詞の原形getを続ける。文末に「?」をつけるのを忘れないようにしよう。
2 疑問文にするには，Wasを主語の前に出す。

❽ 1 Long time no see! は「久しぶり！」の意味の決まり文句。Were you in ～?「あなたは～にいたのですか」のbe動詞は所在を表す。
2 Did your father buy ～は疑問文。

❾ 1「たくさん食べた」はate a lotで表す。
2「～に行きましたか」という過去の疑問文は，Did you go to ～?で表す。

pp.24-25 Step 3

❶ 1 went to, during 2 Did, last / did / didn't
3 was / were lucky 4 wasn't so difficult

❷ 1 Did Tom sleep in the tent?
2 Were the photos beautiful?

❸ 1 ア 2 エ

❹ 1 Long time no see!
2 ②Were ④I didn't 3 during
4 Did you enjoy your summer vacation

5 ⑥went ⑦enjoyed

❺ 1 Did you do your homework last night?

2 Were you in the library yesterday?

考え方

❶ 1 空所には「～に行った」went toと，「～の間に」duringが入る。

2 過去形の疑問文。〈Did＋主語＋動詞の原形〉という形になる。

3 The viewは単数なのでwas，weは複数なのでwereが入る。be動詞はwasとwereの区別に注意。

4 「難しくなかった」was not difficultに，「そんなに」を表すsoをdifficultの前に加える。

❷ 1 動詞がsleepの過去形sleptなので，疑問文は〈Did＋Tom＋sleep ～？〉という形になる。

2 動詞がwereなので，疑問文は〈Were＋主語＋形容詞〉という形になる。

❸ 1 Didで始まる母親の質問に対して，少女は「私たちはおすしを食べました。」と答えているので，空所にはYes, I did.が入る。

2 「ナンシーは去年バレーボール部にいましたか。」という少年の質問に対して，少女は「彼女はテニス部にいました。」と答えている。よって空所に入る返事は，No, she wasn't.。

❹ 1 Long time「長い間」，no see「会っていない」ということから，「久しぶり」となる。

2 ②Meiのこの質問にBobはYes, I was.とbe動詞の過去形で答えている。よってWereが入る。

④Did you go ～?に対して，Noと答えるときはNo, I didn't.となる。

3 「夏休みの間に」はduring the summer vacation。

4 didがあり，疑問文になるので，〈Did＋主語＋動詞の原形＋その他〉の形にする。

5 直前のBobの質問から過去の話とわかる。⑥goはwentに，⑦enjoyはenjoyedとする。

❺ 1 「あなたは宿題をしましたか。」という文を作る。「宿題をする」はdo (your) homework。

2 「あなたは昨日，図書館にいましたか。」という文を作る。先にYou were in the library.と考えて，さらにそれを疑問文にすればよい。

Reading ①

p.26 Step ❷

❶ 1 **～を信じる** 2 **離れて** 3 **すぐに**
4 **いくつかの** 5 **あとで** 6 **ふるまう**
7 **ひとりで** 8 **彼自身** 9 find 10 him
11 easy 12 all 13 follow 14 told 15 these
16 us 17 ask 18 happen 19 wait 20 only

❷ 1 One day 2 run away 3 right
4 these days 5 catch, cold

❸ 1 to 2 of 3 with 4 no

考え方

❶ 2 3 5 副詞。
4 7 形容詞。発音に注意。 8 代名詞。
11 反対語はhard「難しい」。

❷ 1 「ある日」はone day。

2 run awayで「逃げ出す」。run「走る」とaway「離れる」が元の意味。「～から」はfrom ～。

3 rightは「正しい」という意味。You're right.で「あなたの言うとおりです。」の意味。

4 「近ごろ」はthese daysと複数形を用いる。

5 catch (a) coldで「かぜをひく」。aをつけないこともある。

❸ 1 talk to oneself＝「自分自身に話しかける」ということから，「ひとり言を言う」と訳す。

2 be afraid of ～で「～を恐れる」。

3 be with ～で「～といっしょにいる」。

4 「久しぶり！」の決まり文句。

p.27 Step ❸

1 Wait 2 afraid of

3 Why are you always with (him?)

4 After all

5 ⓐ × ⓑ ○ ⓒ × ⓓ × ⓔ ○

考え方

1 命令文なので動詞で始まる。Wait! となる。

2 be afraid of ～で「～を恐れる」という意味の熟語。
3 疑問文なので，Whyを文頭に置き，残りを疑問文の形〈are you＋その他〉に並べる。
4 「やはり，結局」の意味の熟語はAfter all。
5 ⓐトラがクマを呼び止めたので×。
ⓑクマの最初の発言中に「キツネはあなた（＝トラ）をだましました。」とあるので〇。
ⓒクマの最初の発言「彼（キツネ）は王様ではありません。」に対し，トラは「知っています。」と言っているので×。
ⓓクマの最初の発言に「どうぶつたちはあなた（トラ）を恐れている」とあるので×。
ⓔトラの最後の発言に「やはり，キツネはぼくのたった1人の友だちなんだよ。」とあるので〇。

Lesson 5 ～ Tips ② for Listening

pp.29-31　Step 2

❶ 1 **芝生**　2 **休み，休憩**　3 **1番目の，最初の**
4 **おしゃべりをする**　5 **ベンチ**　6 **競争する**
7 **賞**　8 **～にえさをやる**
9 daily　10 break　11 everybody　12 period
13 bring　14 classmate　15 different
16 thing　17 someone　18 behind
❷ 1 ×　2 ×　3 〇　4 ×
❸ 1 eating　2 having　3 sitting
4 studying　5 practicing　6 getting
❹ 1 It's, in　2 What time
3 Sounds interesting
❺ 1 at　2 for　3 out　4 into
❻ 1 is washing　2 is putting[hanging], on
3 are watching　4 is cleaning
5 are sleeping on
❼ 1 We're feeding our dog.
2 What is Tomoko practicing now?
❽ 1 **ティムは牛乳を飲んでいます。**
2 **あの少女は今，昼食を食べていません。**
3 **あの生徒たちは窓のそばで手を振っていますか。**
❾ 1 They are practicing soccer for (the next game.)
2 (I'm) not drawing a picture (now.)
3 Is your father cooking now(?)
4 What is Miyu doing near (the tree?)
❿ 1 They are eating[having] different things.
2 Are you having[taking] a break now?
3 What is she making now?

考え方

❶ 3 形容詞。　4 動詞。
6 competition「競技会」の動詞形。
12 「1時間目」はfirst periodと言う。
13 反対の「～を持っていく」はtake。
15 differentに複数形の名詞が続くと「いろいろな」という意味になる。
❷ 1 lawn[ɔː]とpractice[æ]。
2 recess[iː]または[i]と letter[e]。
3 どちらも[ai]。
4 read[iː]とgreat[ei]。
❸ 1 4 そのままingをつける。
2 5 eをとってingをつける。
3 6 tを重ねる。
❹ 1 時間を表すときの主語は常にitを使う。このitは訳さない。「日本（で）は」はin Japan。
2 「何時に～?」はWhat time ～?。
3 「おもしろそうに聞こえる」という表現Sounds interesting.で「それはおもしろそうだね。」の意味。That sounds interesting.のThatが省略された形。
❺ 1 「～時に」は〈at＋時間〉で表す。
2 「～を競い合う」はcompete for。このforは「～を求めて」という意味。
3 「バッグから取り出す」の「取り出す」はtake (～) outで表す。
4 「～の中に」はintoで表す。
❻ 1 ユミは手を「洗っている」。
2 ジュンは絵を壁に「かけている」。「かける，つるす」はhangだが，put「置く」でも表現できる。
3 ユミの両親はテレビを「見ている」。
4 ミオはテーブルを「そうじしている」。
5 2匹のネコは床の上で「寝ている」。

❼ 1 Weが主語なので進行形はare feedingになるが，4語という指示なのでWe'reとする。

2 the pianoをたずねるので，What「何」を使う。「トモコは今，何を練習していますか。」という疑問文にする。

❽ 〈be動詞＋-ing形〉で「～している（ところ）」という意味を表す。

1 is drinking milkは「牛乳を飲んでいる」。

2 isn't having lunchは「昼食を食べていない」。haveには「食べる」という意味もある。

3 are waving their handsは「彼らの手を振っている」。by the window「窓のそばで」。

❾ 1 「サッカーを練習している」はare practicing soccer。

2 「絵を描いていない」はbe動詞のあとにnotをつけて，(I'm) not drawing a picture。

3 「料理をしている」はis cooking。

4 「何をしている」はWhat「何」を文頭に置き，疑問文の語順で〈is＋主語＋doing〉を続ける。

❿ 1 「彼らは食べている」はThey are eating[having]。

2 「短い休みを取っているところ」は進行形で〈be動詞＋having[taking] a break〉。疑問文は主語の前にbe動詞を置く。

3 「何を作っていますか」はWhatで始めて，疑問文の語順でis she makingを続ける。nowのような「時」を表す語は最後に置く。

pp.32-33 Step 3

❶ 1 classmates, chatting, lawn

2 break, period

3 Everybody[Everyone], practicing / great[wonderful]

4 Are, feeding, am

❷ 1 What is he doing?

2 Jim and Mary aren't eating sandwiches.

❸ 1 イ 2 エ

❹ 1 different things 2 singing

3 Some girls are practicing for our chorus contest

4 for 5 What is she doing?

❺ 1 What are you studying now?

2 We're cleaning our room now.

考え方

❶ 1 「おしゃべりをしている」はare chattingとする。「芝生の上で」on the lawn。

2 「短い休み」は1語でbreakで表す。「2時間目」はsecond period。

3 「みんな」はeverybodyまたはeveryone。「練習をしている」はis practicing。everyは単数扱い。That's great.「すばらしい。」は決まり文句。wonderfulを使ってもよい。

4 進行形の疑問文なのでbe動詞で始める。Are you feeding ～?となる。

❷ 1 drinkingも下線に含まれるので「彼は何をしていますか。」という文にする。Whatで始めて，is he doingと疑問文の語順にする。

2 eatを現在進行形の文にするには〈be動詞＋eating〉とするが，否定文なのでaren't eatingにする。

❸ 1 母親の質問に対して，少年は「ぼくはおばあちゃんに手紙を書いているんだ。」と，今していることを答えているので，質問は「今，何をしているの？」である。

2 「何時に～？」という少女の質問に対しては，「7時30分に」と時間を答えるのが適切。

❹ 1 〈different＋複数形名詞〉で「いろいろな～」という意味。「こと」はthing(s)。

2 singをsingingに変える。

3 主語はsome girls，動詞はare practicing。for our chorus contestで「私たちの合唱コンクールのために」の意味。

4 「～を求めて競争する」という意味になるようにforを入れる。

5 What「何を」で始めてis she doingと進行形の疑問文を続ける。

❺ 1 「あなたは何を勉強していますか。」という文にする。最後にnow「今」を落とさないようにしよう。

2 主語はwe。「私たちの部屋をそうじしている」は現在進行形を使ってare cleaning our room。5語なので，We'reと短縮形にする。

最後にnow「今」を加える。

Lesson 6 ～ Useful Expressions

pp.35-37 Step 2

❶ 1 **色彩豊かな，カラフルな** 2 **～を勧める**
3 **あなたのもの** 4 **私のもの** 5 **ブログ**
6 **アップロードする** 7 **～もまた** 8 **高価な**
9 order 10 gate 11 sign 12 because
13 its 14 everything 15 both 16 then
17 phone 18 took 19 dish

❷ 1 イ 2 ア 3 イ 4 ウ 5 ア 6 イ

❸ 1 エ 2 イ 3 ア

❹ 1 sign says 2 time for 3 once, week
4 May[Can], order / Sure
5 May[Can], cup of

❺ 1 Who made these hamburgers?
2 How often does Mika feed her dog?
3 Whose car is that?

❻ 1 She does. 2 It's mine. 3 I'd like a glass of milk.

❼ 1 **写真を撮ってもいいですか。**
2 **私は1年に3回，祖母を訪ねます。**
3 **どの自転車があなたのものですか。**

❽ 1 Who is her English teacher(?)
2 Which picture do you like(?)
3 Who can play the guitar(?)
4 Why do you walk so fast(?)

❾ 1 How often do you watch movies?
―About once a month.
2 Why do you like cats?
―Because they are cute.

考え方

❶ 1 形容詞。 3 4 代名詞。 6 名詞で「アップロード」の意味がある。 13 itの所有格。
16「そのとき」という意味もある。

❷ 2音節語のアクセントの原則は，名詞は前，動詞はあとの音節を強く発音する。1は動詞で，あとの音節を強く発音する。2は名詞と動詞の意味があるが，どちらも前の音節を強く発音する。3は例外。名詞だが，後ろの音節を強く読む。6 -ciousで終わる語は，その直前の音節を強く読む。

❸ 1「おなかがいっぱいです。」の決まり文句。
2「山から見た景色」がどうであるかを考える。意味的に自然なのはamazing「見事な」だけ。
3「いいですよ。」と承知するときの表現。

❹ 1「(看板に)～と書いてある」は「看板が～と言う」のようにsayを使って表現する。
2 It's time for ～で「～の時間」。
3「1週間に1回」はonce a weekと言う。「1週間に2回」ならtwice a week。
4 May[Can] I ～?で「～してもよろしいですか」の意味。
5 a cup ofで「カップ1杯の」。

❺ 1 Bobの部分を聞くのでWho「だれが」で始める。このように，疑問詞が主語のときは，そのあとは肯定文の語順made these hamburgersになる。
2 twice a dayの部分を聞くので，how often「どのくらいよく」を使う。続く語順はdoes Mika feed ～と疑問文の語順になる。
3「だれの車ですか。」という文にする。Whose carで始め，疑問文の語順でis thatを続ける。

❻ 1 Who wants this cake?に対してShe wants this cake.が省略をしない形の返答。She does.は繰り返しを避けるために，wants ～ cakeまでをdoes 1語で代用している形。
2「それは～です。」はIt's ～.で表す。「私のもの」はmine。
3 would likeはwantのていねいな言い方。答える場合は〈would like＋ほしいもの〉で答える。6語なので，I wouldをI'dとする。

❼ 1 Can I ～?は「～できますか」というよりも，「～してもいいですか」という意味合いで使う。
2 three times a yearは「年に3回」。
3 Which bikeは「どの自転車」。yoursは「あなたのもの」。

❽ 1 Who「だれが」で始め，主語が疑問詞なのでis her English teacherと肯定文の語順で並べる。

2 Which picture「どの写真」で始め，疑問文の語順でdo you likeを続ける。
3 Who「だれが」で始め，can play the guitarと肯定文の語順で続ける。
4 Why「なぜ」で始め，do you walkと疑問文の語順で続ける。「そんなに速く」はso fastで，最後に置く。
❾ 1「どのくらいよく」はHow oftenとし，そのあとを疑問文の語順にする。「およそ」はaboutで，「1か月に1回」はonce a month。
2 理由をたずねるWhy「なぜ」で始める。Whyに対して理由を答える場合は，Because「なぜなら」を使う。「それら」はthey。「かわいい」はcute。

pp.38-39 **Step 3**

❶ 1 ordered, for / order both
2 Which, mine / one
3 took, pictures[photos]
4 May[Can], glass of
❷ 1 Who is she? 2 Whose trumpet is this?
❸ 1 イ 2 ウ
❹ 1 sign say
2 Which restaurant do you recommend
3 ③Why ④Because ⑤its 4 in
❺ 1 Why do you like music?
2 May[Can] I have[order] a cup of tea?

考え方

❶ 1「デザートに」はfor dessert。「両方」はbothで表す。
2「どの飲みもの」はWhich drink。「私のもの」はmine。「こちらです」は「この飲みものです」という意味でThis one.と言う。oneはdrinkの繰り返しを避けるために使われる。
3「写真を撮る」はtake a picture[photo]。複数の写真で過去の話なのでtook (many) pictures[photos]とする。
4「～してもいいですか」はCan IまたはMay Iで表す。
❷ 1「彼女はだれですか。」という疑問文にする。
2「これはだれのトランペットですか。」とする。
❸ 1 少年の質問はWho knows ～?で，動詞の形はknowsである。応答は，人の名前にknowsの代わりをするdoesを続ける。
2 少女の質問に対して，少年は「週に2回」と回数を答えている。よって空所に入るのは，回数をたずねるHow oftenになる。
❹ 1「看板に書いてある」はsign saysで表す。
2 まずWhich restaurant「どのレストラン」を文頭に置き，そのあとを疑問文の語順にする。
3 ③「なぜ」はWhy，④「なぜなら」はBecause，⑤「それの」はitsである。
4「日本語で」はin Japaneseと言う。
❺ 1「なぜあなたは音楽が好きなのですか。」という文にする。Whyで始めて，そのあとを疑問文の語順にする。
2「1杯の紅茶をもらってもいいですか。」という文にする。Can IまたはMay Iで文を始め，そのあとをhaveまたはorder a cup of tea?とすればよい。

Lesson 7 ～ Project 1

pp.41-43 **Step 2**

❶ 1 記号，象徴 2 みやげ 3 隣人 4 考え
5 くつろぐ 6 温泉 7 節約する 8 お金
9 ～を終える 10 明日 11 横断する
12 ゆっくり 13 来訪者，来園者 14 非常口
15 mean 16 let 17 answer 18 ready
19 rest 20 area 21 global 22 society
23 learn 24 language 25 Olympic
26 create 27 easily 28 important
29 safety
❷ 1 イ 2 ア 3 ウ 4 イ 5 ア 6 イ
❸ 1 エ 2 ウ 3 ア
❹ 1 May[Can] I, on 2 just kidding
3 Not really 4 for, first time 5 too much
❺ 1 off 2 up 3 for 4 until
❻ 1 I don't have to clean my room.
2 My father may be on the train now.
3 I am able to run very fast.

❼ 1 I have no idea.
2 Tom has to memorize his speech.

❽ 1 **私の父は今日，働く必要はありません。**
2 **あなたは非常口を見つけなければなりません。**
3 **ゲームをしてもいいですか。**

❾ 1 has to help 2 don't have to
3 must stop 4 mustn't use
5 May[Can] I 6 may be cooking
7 is able to

❿ 1 I must get up early every day.
2 Emi doesn't have to go to school tomorrow.

考え方

❶ 3「近所の人」という意味もある。 12 副詞。
18 I'm ready. は「準備ができました。」の意味。
29 safe「安全な」の名詞形。

❷ 2音節語のアクセントは，名詞は前，動詞はあとの音節を強く発音するのが原則。1 は動詞，2 は名詞。2 と 4 はカタカナ語との発音の違いに注意。

❸ 1 質問に対して，「ええと。」と言うときの決まり文句。
2「わかりました。」と言うときの決まり文句。
3「休んでもいいですか。」と聞くときの表現。

❹ 1「～してもいいですか」はMay IまたはCan Iで表す。「スマートフォンで」はon one's smartphoneを使う。
2 I was just kidding.は「冗談だよ。」という意味の決まり文句。kidは「からかう」の意味。
3 Not really.「そうでもないです。」はNoの強い調子を弱めた言い方。
4「初めて」はfor the first time。
5「～を食べすぎる」はeat ～ too much。

❺ 1「(靴(くつ))を脱ぐ」はtake offを使う。
2「あきらめる」は，give up。
3「～を表す」はstand for ～。
4「～まで」はuntil。

❻ 1 have to「～しなければならない」の否定文は，don't have to「～する必要がない」にする。7語なので短縮形don'tを使う。
2「～かもしれない」は，mayで表す。isをmay beに変える。
3 be動詞を使って表すには，canの部分をbe able toに変えてI am able to run ～とする。

❼ 1 ideaを使って「わかりません。」は，I have no idea.（＝私には少しもアイデアがない。）という言い方をする。
2 Tomは三人称単数なので，have toをhas toに変える。またyourもhisに変える。

❽ 1 doesn't have to workで「働く必要はない」という意味。
2 must findは「見つけなければならない」。an emergency exit「非常口」。
3 May I ～?は「～してもいいですか」。play the game「ゲームをする」。

❾ 1「手伝いをする必要がある」は，have to helpだが，三人称単数なのでhas to helpとする。
2「～する必要がない」はdon't have to ～で表す。
3「止まらなければならない」は，2語だとmust stop。have to stopも同じ意味。
4「使ってはいけない」は禁止を表すので「～してはいけない」の意味のmust notを使いmust not[mustn't] useとする。
5「～してもいいですか」はMay I ～?またはCan I ～?で表す。
6「かもしれない」はmay，「～している」は現在進行形で表す。may be cookingとなる。
7「跳ぶことができる」は1語ならcan jumpだが，ここは3語なので，同じ意味のbe able to jumpで表す。

❿ 1「起きなくてはならない」はmust get upで表す。mustの代わりにhave toとしても意味は同じだが，7語に収まらない。
2「行く必要がない」はdon't have to goで表す。主語が三人称単数なので，Emi doesn't have to go ～とすることに注意。

pp.44-45 Step 3

❶ 1 Olympics, the first time
2 global society, languages

3 mean / see / take off
4 was able to, easily
❷ 1 He doesn't have to save money.
2 You mustn't[must not] give up.
❸ 1 has to go 2 must not 3 May[Can] I
4 may be running
❹ 1 mean 2 mustn't bring pets
3 Penguins have to cross here
4 just kidding 5 must
❺ 1 He is able to create[make] computer games.
2 English is important in our society.

考え方

❶ 1「オリンピック」は競技の種類がさまざまあるので，まとめてthe Olympicsと複数形で表す。「初めて」はfor the first time。
2「グローバル社会」はglobal societyと言う。「２つの言語」はtwo languagesと複数形にする。
3「～を意味する」はmean。「ええと。」はLet me see.と表現する。「脱ぐ」はtake off。
4「～することができた」は３語なので，was able toとする。「簡単に」はeasily。
❷ 1「～する必要はない」はdon't have to ～。
2「～するな」という禁止は，must not[mustn't]を使って表す。
❸ 1「行く必要がある」は，Emmaが三人称単数なのでhas to go。
2「～してはいけない」という禁止はmust notで表す。
3「～してもいいですか」はMay IまたはCan Iで表す。
4「かもしれない」はmayとする。「走っている」は現在進行形で表す。
❹ 1「意味する」はmean。
2「～してはならない」という禁止はmust not[mustn't]で表す。空所が３つしかないので，mustn'tにする。「ペットを持ってくる」はbring pets。
3 主語は，ここはPenguinsしかない。動詞部分はhave to cross「横断しなければならない」。場所を表す語hereは最後に置く。
4「冗談だよ。」はI was just kidding.と言う。「単にからかっただけだよ。」という意味。
5「しなければならない」を１語で表すには，mustを使う。
❺ 1「彼はコンピューターゲームを創作することができる。」は，He can create computer games.と言える。ここは７語という指示があるので，canをis able toで表す。
2 英語の肯定文は〈主語＋動詞＋その他〉の語順になるので，English is importantで始めて，「私たちの社会では」の意味のin our societyを最後に置く。

Reading ②

p.46 **Step 2**

❶ 1 **のどが渇（かわ）いた** 2 **クッキー** 3 **答える**
4 **人に慣れた** 5 **～をかむ** 6 **叫ぶ**
7 woman 8 glass 9 quiet 10 anything
11 lonely 12 inside 13 even 14 reach
15 feet 16 **～を買う，**bought 17 **すわる，**sat
18 **～と思う，考える，**thought
19 **～と[を]言う，**said
❷ 1 a glass of 2 for, long time
❸ 1 into 2 down 3 to

考え方

❶ 1 4 形容詞。
3「返事」，5「ひとかじり」，6「金切り声，悲鳴」という名詞の意味もある。
10 否定文中で使われる代名詞。
12 前置詞。
❷ 1「グラス１杯の～」はa glass of ～と言う。「カップ１杯の～」ならa cup of ～となる。
2「長い間」はfor a long time。４語まとめて覚えよう。
❸ 1「～の中へ入る」はgo into ～。
2「すわる，腰を下ろす」はsit down。
3「～のとなりの」はnext to ～。

p.47 Step 3

1 of　2 ③took　④put　3 a cookie
4 The dog didn't bite the cookie
5 jumped up　6 at
7 ⓐ○　ⓑ○　ⓒ×

考え方

1「～を恐れる」はbe afraid of ～となる。
2 ②takeも③putも不規則に変化する動詞。
3 itはa cookieを指す。itが指すものは，前の文の中の単数名詞であることがほとんど。
4 まず主語と動詞となるものを探す。bite「かむ」が動詞なので，主語はthe dogに決まる。didn'tという否定語は動詞の前にくるので，The dog didn't bite the cookie.となる。
5「跳び上がる」はjump upなので，jumpを過去形にする。
6「～を見る」はlook at ～。
7 ⓐ 2行目のおばあさんのセリフに「私のイヌはネコでさえ恐れるのよ！」とあることから○。
ⓑ 3行目後半～4行目の「彼女はそのクッキーを(テーブルの下の)イヌの口の近くに置いた。」から○。
ⓒ 4行目後半に「彼(イヌ)は彼女(メグ)の手をかんだ」とあるが，このイヌはおばあさんのイヌではないので×。

Lesson 8 ～ Tips ④ for Listening

pp.49-51 Step 2

❶ 1 おば　2 湿度の高い　3 暖かい　4 記事
5 ふるまい　6 環境(かんきょう)　7 真実の，本当の
8 施設　9 展示　10 囲い，おり　11 plan
12 move　13 snow　14 tomorrow　15 scene
16 ice　17 yet　18 appear　19 way
20 arrive　21 difference　22 situation
23 natural　24 fly　25 village　26 huge
❷ 1 ×　2 ×　3 ×　4 ○
❸ 1 ウ　2 エ　3 イ
❹ 1 Of course　2 difference(s) between
3 By, way, are, going　4 came true
❺ 1 in　2 about　3 at　4 of
❻ 1 What is Mary going to do?
2 It will be snowy and cold in Sapporo tomorrow.
3 You should study math hard.
❼ 1 Here you are.　2 No, it won't.
❽ 1 あなたはいつ映画を見るつもりですか。
2 マイクは明日，学校に来ないでしょう。
3 彼は30分で駅に着きます。
❾ 1 Are, going to / we are
2 What are, going　3 won't be
4 should read
❿ 1 I'm going to ski tomorrow.
2 It won't be snowy this weekend.

考え方

❶ 11「計画する」という動詞の意味もある。
12「動く，移動する」という意味もある。
21 differentの名詞形。
❷ 1 camera[æ]とfacility[ə]。
2 wonderful[ʌ]とspot[ɑ]。
3 display[i]とenvironment[ai]。
4 どちらも[ei]。
❸ 1 should we visit in Tokyo「私たちが東京で訪れるべき～」からspot「名所」が入る。
2 singer, on the stageなどの語句から「その歌手は数分したらステージに現れるでしょう。」という意味になるappearが入る。
3 My father, homeなどの語句から「父はもうすぐ帰宅します。」になるarrivingが入る。この進行形は近い未来の予定を表す。
❹ 1「もちろんです。」はSure.でも表せるが，ここは2語なので，Of course.とする。
2 difference(s) between ～ and ...「～と…との違い」を用いて表す。違いが複数あるときは，複数形differencesにする。
3 話題を変える「ところで」は，by the wayと言う。「～するつもりだ」は〈be going to＋動詞の原形〉で表す。疑問文は主語がyouの場合は〈are you going to＋動詞の原形〉となる。
4「(夢が)実現する」はcome trueなので，過

去形にしてcame trueとする。

❺ 1「～したら」は前置詞inで表す。

2「～について」は前置詞aboutで表す。

3「とうとう」はat lastという熟語で表す。

4「たくさんの種類の～」は，many kinds of ～で表す。kindは「種類」という意味。

❻ 1「メアリーは何をするつもりですか。」という疑問文にする。Whatで始めて，そのあとを疑問文の語順にする。

2「明日，札幌は雪が降り，寒いでしょう。」という未来の形にする。It will be ～という形になる。

3「あなたは数学を一生懸命に勉強すべきです。」という文にする。「～すべき」は助動詞shouldを使って表す。

❼ 1「～をいただけますか。」という依頼にこたえて，「はい，どうぞ。」とものを差し出すときに使うのがHere you are.である。Here it is.という言い方もある。

2 主語がitの質問に「いいえ。」と答えるときは，No, it won't.とitを使う。won'tはwill notの短縮形。

❽ 1 are you going to seeは「見るつもりですか」という意味。

2 will not comeは「来ないでしょう」の意味。

3 is arriving at the stationは「駅に着くでしょう」と，近い未来のことを表す言い方。未来の形とともに使うinは「～したら，～後に」という意味を表す。in thirty minutesで「30分したら[30分後]」の意味。

❾ 1「あなたたちは～する予定ですか」は，be going to ～を使って，Are you going to ～で表す。答えるときはYes, we are.とgoing以下を省略する。

2「何をするつもり」は，Whatで始め，そのあとにare you going to ～と疑問文の形を続ける。

3「ならないでしょう」は，未来についての否定文なのでwon't を使う。

4「読むべきです」はshould readで表す。

❿ 1 be going toを使って，I'm going to skiとし，時を表す語tomorrowを最後に置く。

2「雪にならないでしょう。」は，天候を表すときの主語Itを文頭に置き，そのあとをwon't be snowyと続ける。時を表す語句「今週末」this weekendは最後に置く。

pp.52-53 Step 3

❶ 1 going to / Of course 2 will, camera

3 should, situation

4 natural environment

5 came true, last

❷ 1 What are you going to do in Tokyo?

2 It won't be sunny this weekend.

❸ 1 am going to 2 will watch 3 won't be

4 should read

❹ 1 yet 2 It will appear in a few weeks

3 arriving 4 By the way 5 between, and

6 should 7 Here you are.

❺ 1 Are you going to visit Kyoto this weekend?

2 Will it be rainy tomorrow?

考え方

❶ 1「参加しますか」は未来についての疑問文。Are you going to ～で表す。「もちろんです。」はOf course.とする。

2「買うでしょう」は未来のことなので，willかbe going to。空所が1つなので，willとする。

3「～すべき」はshouldで表す。「状況」はsituation。

4「自然環境（かんきょう）」はnatural environmentと言う。

5「実現しました」は過去形でcame trueとする。「ついに」はat last。

❷ 1「何をするつもりですか」と，未来の行動予定をたずねる文にする。Whatを文頭に，そのあとを疑問文の形にする。

2 同じ内容を，語数を変えずに否定文にするということなので，willをwon'tとする。

❸ 1「～するつもり」は主語がIなので，am going to。

2「見るでしょう」はwill watch。
3「ならないでしょう」は否定形won't be。
4「読むべきです」はshould read。

❹ 1「まだ(～ない)」は(not) yetで表す。
2 問題文から未来の形にする必要があるとわかる。willをappearの前に補う。
3「まもなく着きます」という近い未来のことがらを，現在進行形で表すことができる。
4「ところで」はBy the wayとする。
5「～と…との違い」はthe difference(s) between ～ and …と表す。
6「～すべき」はshouldで表す。
7「はい，どうぞ。」はHere you are.と言う。

❺ 1 8語という指示なのでbe going toを使って疑問文を作る。まず主語をyouにしてAre you going to visit Kyotoとし，最後に時を表す語句「今週末」this weekendを加える。
2 問題文は未来についての疑問文になっていることに注意。天候を表す際の主語はitなので，Will it be rainy tomorrow?とする。

Lesson 9 ～ Project 2

pp.55-57 Step 2

❶ 1 **環境(かんきょう)の** 2 **地球温暖化**
3 **どこでも，いたるところで** 4 **溶ける**
5 **島** 6 **消える，見えなくなる**
7 **湿度(しつど)，湿気** 8 **ごみ** 9 problem
10 finish 11 late 12 climate 13 earth
14 future 15 save 16 energy 17 set
18 rise 19 feel 20 warm 21 show
22 amount 23 burn 24 street 25 agree
26 reduce

❷ 1 イ 2 イ 3 イ 4 イ 5 ウ 6 イ

❸ 1 イ 2 イ 3 ア

❹ 1 sets, degrees
2 disappearing, serious problem
3 at least 4 turn off

❺ 1 in 2 for 3 on 4 of

❻ 1 There are twenty-five students in our class.
2 Are there any bookstores in this town?
3 How many big trees are there in this park?
4 You don't look happy today.

❼ 1 No, there isn't.
2 There are twenty[20] members on my soccer team.

❽ 1 **レンはとても人気があります。他方で，彼は親切ではありません。**
2 **買い物に行きましょう。— それはよさそうですね！**

❾ 1 Yumi looks very sleepy(.)
2 How many people are there in (your family?)
3 Chinatown is in Yokohama(.)

❿ 1 That boy looked very[really, so] sad.
2 There aren't any big hospitals in this town.

考え方

❶ 1 environment「環境(かんきょう)」の形容詞形。 3 副詞。
4 6 動詞 11 slowlyではない。
12 weatherは「天候」。 18 2語ならgo upだが，ここは1語。

❷ 3 4はカタカナ語にもなっているが，カタカナ語と英語では発音が異なることが多いので注意。
1 2 3は後ろを強く発音する。 5も最後の音節を強く発音。 4 6は2番目の音節を強く発音する。

❸ 1「宮沢賢治」とstoriesから「多くの物語を生み出しました。」という文にする。
2「雨が降ったが，傘を持っていなかった。」から，空所に入れるのはwet「ぬれた」が適切。
3 後ろにlife「生活」が続いて自然な意味になる語を考える。→「(忙しい)毎日の生活」とする。

❹ 1「設定する」はsetで表す。「42度に」はat 42 degrees。degreeは「1度」以外は「零度」を含めてすべてdegreesと複数にする。「0度」zero degrees。
2「消えつつある」は，are disappearingと

進行形にする。「深刻な問題」はa serious problem。

3 「少なくとも」はat leastで表す。

4 「～を消す」はturn off。

❺ 1 「将来」はin the future。

2 「たとえば」はfor example。

3 「道の上に」はon the street。

4 「雨の量」はthe amount of rain。

❻ 1 「私たちのクラスには25人の生徒がいます。」を，thereを使って表すと，There are twenty-five students in our class.となる。

2 疑問文はareをThereの前に持っていく。またsomeをanyに変える。

3 「何本」と数をたずねる言い方は，How manyで始め，big treesを続ける。そのあとは疑問文の語順。

4 否定文にするには，lookは一般動詞なので，don'tをlookの前につける。

❼ 1 Is thereで始まる質問にNoで答える場合は，No, there isn't.とする。a collegeと単数なので，答えもisn'tと単数にする。

2 How many members are there ～?に対して「20人います」と答える場合は，There are 20 membersで始めて，on my soccer teamを続ける。

❽ 1 popularは「人気がある」。on the other handは「他方で，これに対して」という意味。

2 That sounds good.は「それはよさそうですね。」という意味の決まり文句。

❾ 1 「眠そうに見える」は，look sleepy。

2 「あなたは何人家族ですか。」は，英語では「あなたの家族には何人の人がいますか。」という聞き方をする。How many people are there in your family?とする。

3 「中華街は横浜にあります。」は主語を「中華街」Chinatownとする。

❿ 1 「とても悲しそうに見えた」はlooked very sadと過去形で表す。veryのかわりにreallyやsoでもよい。

2 「1つもない」は，〈not any＋複数名詞(hospitals)〉で表す。

pp.58-59 Step 3

❶ 1 At least, finish

2 Climate, serious problem

3 energy, daily 4 reduce, amount

❷ 1 How many students are there (in your school?)

2 Are there any comic books (in this library?)

3 This cake looks delicious(.)

❸ 1 イ 2 エ

❹ 1 ①produce ②produces 2 there are

3 look clean 4 I agree.

5 How many trashcans are there

❺ 1 How many libraries are there in your town?

2 There are four people in my family.

考え方

❶ 1 「少なくとも」はat leastで表す。「終わらせる」はfinish。didn'tのあとなので原形。

2 「気候の変化」はClimate change，「深刻な問題」はserious problemとする。

3 「日常生活」はdaily livesで表す。「たくさんのエネルギー」はa lot of energy。この意味では，energyは数えられない名詞で複数形にはできない。

4 「減らす」はreduce，「ごみの量」はamount of trashと言う。

❷ 1 「生徒が何人」はHow many students ～?で表し，そのあとを疑問文の語順are there ～にする。

2 「マンガ本はありますか」は，名詞の前にany「いくつかの」をつけて，Are there any comic booksとする。

3 「おいしそうに見える」は，looks deliciousの語順。

❸ 1 「海に行こう。」という父の提案に，少女は「泳ぐことが大好き。」と答えているので，空所にはイ「それはよさそうに聞こえる。」が入

る。

2「今日，何かおもしろいテレビ番組はある？」という質問に，少女は「でも，明日には1つあるわ。」と応じている。今日はないことがわかる。またAre thereでたずねられているので，エが入る。

❹ 1 ①はdoesn'tのあとなのでproduceと原形にする。②はJapanが主語なのでproducesと三単現のsをつける。

2 Are there ～?に対する答えとして，Yesと応じているので，空所にはthere areが入る。

3「清潔に見える」はlook clean。

4「私も同意します。」はI agree.と言う。

5 疑問文になることを確認する。また，その応答でOne ...と数を答えていることから，まず〈How many＋複数名詞〉の形を作る。次に語群中にthere，areがあるので，疑問文の語順でare there と続ける。

❺ 1「図書館がいくつありますか」という文にする。数をたずねるので，How many librariesで始める。そのあとを疑問文の形にし，are there in your townとする。

2「私の家族には4人います。」と考えて，There are ～.の文で書く。

Reading 3

p.60 Step 2

❶ 1 **小川** 2 **乾く** 3 **どこにも** 4 **落ちる**
5 **見知らぬ人** 6 **上がる** 7 ago 8 die
9 grass 10 surprised 11 excited
12 enough 13 give 14 become
15 silver 16 anyway 17 better 18 same
19 finally 20 suddenly 21 offer 22 sky

❷ 1 looked for 2 tired, fell asleep
3 was full

❸ 1 of 2 up 3 for 4 out

考え方

❶ 2「～を乾かす」という意味もある。
3 副詞。 7 long, long agoで「昔々」の意味。
9 glass「グラス」との混同に注意。 10 11 -edのつく感情を表す形容詞。 19 20 -lyのつく副詞。

❷ 1「～を探す」はlook for ～。ここは過去形にする。

2「疲れる」は動詞getを用いて，get tiredと表す。「眠りに落ちる」は，英語でも日本語と同じfall「落ちる」を使ってfall asleepと言う。ここは過去形fellにする。

3「～でいっぱいだった」は，「だった」をbe動詞wasで表し，「～でいっぱい」をfull of ～とする。

❸ 1「(病気や飢えがもと)で死ぬ」はdie of ～を使う。thirstは「のどの渇き」を指すが，die of thirstは「水分がなくなって死ぬ，脱水症状で死ぬ」という意味。

2「目を覚ます」はwake upと言う。

3 askは「～をたずねる」という意味だが，〈ask for ～〉で「(助けなど)を求める」という意味になる。

4 come out of ～で「～から出てくる」という意味。

p.61 Step 3

1 brought, home
2 ②said ④gave ⑥became ⑦thought
3 will 4 At the same time 5 Suddenly
6 **7つのダイヤモンドが空へ上っていき，北斗七星(大きなひしゃく)になりました。**
7 ⓐ × ⓑ × ⓒ ○

考え方

1「～を家に持ち帰る」はbring ～ home。

2 いずれも不規則変化をする動詞。

3 be going toは未来の予定を表し，willと言いかえることができる。I am going to die anyway.は「いずれにせよ私はもうすぐ死ぬだろう。」という意味。

4「同時に」はat the same timeと言う。

5「突然」はsuddenly。ここは大文字で始める。

6 rose up to the skyは「空に上った」という意

味。the Big Dipperは「大きなひしゃく」ということだが，大文字で表されると，特に星座の「北斗七星」を指す。

7 ⓐ母親は少女が差し出したひしゃくの水を飲まず，「この水はあなたが飲みなさい。」と言って少女に返したので×。

ⓑ少女は水を飲もうとしたが，そのとき1人の見知らぬ人がやってきて水をくださいと頼んだ。The girl swallowed her saliva and offered the dipper to the stranger.「少女は（ひしゃくの水を飲む代わりに）つばを飲みこんで（水の入った）そのひしゃくを見知らぬ人に差し出しました。」とあるので，×。

ⓒ上の説明から○。

Further Reading

p.62 Step 2

❶ 1 問題　2 これまでに　3 郵便受け　4 封筒
5 カタツムリ　6 まだ　7 front　8 mail
9 send　10 empty　11 together
12 something　13 hurry　14 paper
15 window　16 glad

❷ 1 the matter　2 right away[now]
3 piece of

❸ 1 on　2 all　3 to　4 for

考え方

❶ 2 6 副詞。 7 反意語はback。

❷ 1「どうしたの？」は，決まり文句でWhat is the matter?（直訳：何が問題なの？）と言う。

2「すぐに，今すぐに」は，2語で表すとright awayまたはright nowとも言う。

3「1枚の～」はa piece of ～。2枚以上あるときはtwo[three, ...] pieces of ～のように言う。

❸ 1「ベンチにすわる」はsit on the benchと言う。

2「ずっと」はall the time。「いつでも，常に」という意味もある。

3「とうとう私たちは駅に到着しました。」「～に到着する」は〈get to＋場所〉で表す。

4「～を待つ」はwait for ～で表す。

p.63 Step 3

1 ①why　③Because
2 ②all　⑨for
3 ④am waiting　⑥sent　⑧wrote
4 will
5 **あなたは手紙に何と書きましたか。**
6 ⓐ○　ⓑ×　ⓒ○

考え方

1 ①「なぜ」はwhy，③「なぜなら」はBecauseである。Why ～?という質問に対して理由を述べるときはBecauseで答える。

2 ②all the timeで「ずっと，いつも」。この文は「なぜずっと窓の外を見ているの？」という意味。 ⑨はwait for ～で「～を待つ」という意味。

3 ④直前にnowがあることからも「手紙を待っているんだ。」という現在進行形の意味でI am waiting for the mail.とする。

⑥直後のYou did?から過去形とわかる。「きみに手紙を送ったからだよ。」となるようにsentと過去形にする。

⑧はガマくんの質問What did you write in the letter?「手紙には何と書いたの？」に対する答えなので，wroteと過去形にする。

4「～でしょう」という意味になるwillが入る。

5 what「何」で始まる過去の疑問文。

6 ⓐガマくんが4行目でBut no mail will come.と言っているので○。

ⓑ5行目でbecause I sent a letter to youと言っているのはカエルくんで，カエルくんがガマくんに手紙を送ったので×。

ⓒ本文の最後から3行目にThen Frog and Toad went out onto the front porch and waited for the mail.「それからカエルくんとガマくんは正面玄関のベランダに出て，その手紙を待ちました。」とあるので○。

テスト前 ☑ やることチェック表

① まずはテストの目標をたてよう。頑張ったら達成できそうなちょっと上のレベルを目指そう。
② 次にやることを書こう（「ズバリ英語〇ページ，数学〇ページ」など）。
③ やり終えたら□に✓を入れよう。
最初に完ぺきな計画をたてる必要はなく，まずは数日分の計画をつくって，
その後追加・修正していっても良いね。

目標

	日付	やること 1	やること 2
2週間前	/	□	□
	/	□	□
	/	□	□
	/	□	□
	/	□	□
	/	□	□
	/	□	□
1週間前	/	□	□
	/	□	□
	/	□	□
	/	□	□
	/	□	□
	/	□	□
	/	□	□
テスト期間	/	□	□
	/	□	□
	/	□	□
	/	□	□
	/	□	□

QRコードのページに登録すると，「ぴたリンク」からも表をダウンロードできるよ

テスト前 ☑ やることチェック表

① まずはテストの目標をたてよう。頑張ったら達成できそうなちょっと上のレベルを目指そう。
② 次にやることを書こう（「ズバリ英語〇ページ，数学〇ページ」など）。
③ やり終えたら▢に✔を入れよう。
最初に完ぺきな計画をたてる必要はなく，まずは数日分の計画をつくって，
その後追加・修正していっても良いね。

目標

	日付	やること 1	やること 2
2週間前	／	☐	☐
	／	☐	☐
	／	☐	☐
	／	☐	☐
	／	☐	☐
	／	☐	☐
	／	☐	☐
1週間前	／	☐	☐
	／	☐	☐
	／	☐	☐
	／	☐	☐
	／	☐	☐
	／	☐	☐
	／	☐	☐
テスト期間	／	☐	☐
	／	☐	☐
	／	☐	☐
	／	☐	☐
	／	☐	☐

キリトリ線

QRコードのページに登録すると，「ぴたリンク」からも表をダウンロードできるよ

チェックBOOK

- テストにズバリよくでる!
- 重要単語・重要文を掲載!

英語

教育出版版

1年

Springboard 1～4

教 pp.4～11

✓重要語チェック 英単語を覚えましょう。

[Springboard 1～4]

□カップ	名 cup
□(縁なしの)帽子	名 cap
□ペン	名 pen
□ピン	名 pin
□(縁のある)帽子	名 hat
□熱い	形 hot
□魚	名 fish
□皿	名 dish
□木	名 tree
□ペット	名 pet
□獣医	名 vet
□大きい	形 big
□勝つ	形 win
□楽しさ	名 fun
□赤(い)	名 red
□脚	名 leg
□打つ	動 hit
□ネコ	名 cat
□地図	名 map
□子ども	名 kid
□〔打ち消して〕～でない	副 not
□～を得る	動 get
□～を置く	動 put
□イヌ	名 dog
□太陽	名 sun

✓重要文チェック 日本語を見て英文が言えるようになりましょう。

[Springboard 1～4]

□立ってください。	Stand up, please.
□手を挙げてください。	Please raise your hand.
□教科書の５ページを開けなさい。	Open your textbooks to page five.
□教科書を閉じなさい。	Close your textbooks.
□私のあとについて言いなさい。	Repeat after me.
□黒板を見なさい。	Look at the blackboard.
□もう一度言ってください。	Pardon?
□質問があります。	I have a question.
□すみません。	Excuse me.
□はい，どうぞ。	Here you are.

Lesson 1 Hello, New Friends

教pp.12〜21

重要語チェック 英単語を覚えましょう。

[Lesson 1]

□〜を…と呼ぶ	動call
□何か	形any
□おもしろい	形interesting
□マンガ	名manga
□作家	名writer
□自由にできる，自由な	形free
□親愛なる〜	形dear
□サーフィン	名surfing
□人気がある	形popular
□しかし	接but
□タコ	名octopus
□あなた自身	代yourself
□住む	動live

重要文チェック 日本語を見て英文が言えるようになりましょう。

[Lesson 1]

□私はオノ・アヤカです。	I am Ono Ayaka.
□私をアヤと呼んでください。	Please call me Aya.
□お会いできてうれしいです。[はじめまして]。	Nice to meet you.
□私はシドニーの出身です。	I am from Sydney.
□あなたはカナダの出身ですか。	Are you from Canada?
□私は理科が好きです。	I like science.
□あなたは理科が好きですか。	Do you like science?
□あなたの大好きな教科は何ですか。	What is your favorite subject?
──それは社会科です。	── It's social studies.
□あなたの大好きなサッカー選手はだれですか。	Who is your favorite soccer player?
──私は久保建英が好きです。	── I like Kubo Takefusa.
□あなたはどこに住んでいますか。	Where do you live?
──私はシドニーに住んでいます。	── I live in Sydney.
□あなたの誕生日はいつですか。	When is your birthday?
──11月 4 日です。	── It's November 4th.
□あなたは何時に夕食を食べますか。	What time do you have dinner?
□あなたの父親は何歳ですか。	How old is your father?
□あなたは兄弟が何人いますか。	How many brothers do you have?
□コーヒーをください。	Coffee, please.

Lesson 2 Talking with Friends

教pp.22～33

重要語チェック 英単語を覚えましょう。

[Lesson 2]

□早く	副early
□家族	名family
□毎～	形every
□日	名day
□メートル	名meter
□しばしば	副often
□いつでも	副anytime
□または	接or
□それらの，あれらの	代those
□彼らは，彼女らは	代they
□～のあとに	前after ～
□～のような	前like ～
□それらを	代them
□ストーリー	名story
□そんなに，とても	副so
□種類	名kind
□ペット	名pet
□いくつかの	形some
□～を飼う	動keep
□住む	動live
□皆(みな)さん	代everyone
□飛ぶ	動fly
□言語	名language

重要文チェック 日本語を見て英文が言えるようになりましょう。

[Lesson 2]

□彼女は英語の先生です。	She is an English teacher.
□彼は野球が好きです。	He likes baseball.
□それはケンのネコです。	It is Ken's cat.
□彼女はオーストラリア出身ですか。	Is she from Australia?
□こちらはボブです。彼は私のクラスメートです。	This is Bob. He is my classmate.
□あれはあなたのイヌですか。	Is that your dog?
□私たちはテニスが大好きです。	We love tennis.
□彼らは私のクラスメートです。	They are my classmates.
□鳥は飛ぶことができますが，ペンギンは飛ぶことができません。	Birds can fly, but penguins cannot fly.
□あなたはチェスをすることができますか。	Can you play chess?
□私は数匹のハムスターを飼っています。	I have some hamsters.
□あなたは何かペットを飼っていますか。	Do you have any pets?
□私はペットを何も飼っていません。	I don't have any pets.

Lesson 3 My Favorite Person

教 pp.34～49

✓重要語チェック 英単語を覚えましょう。

[Lesson 3]

□人 名 person
□練習する 動 practice
□彼の 代 his
□自転車 名 bike
□彼女（かのじょ）の 代 her
□そこで 副 there
□～を経営する 動 run
□～を育てる 動 grow
□庭 名 garden
□ほかの 形 other
□別の，もう１つの 形 another
□忙（いそが）しい 形 busy
□彼［彼女］らの 代 their
□趣味（しゅみ） 名 hobby
□皆（みな）さん，みんな 代 everyone
□～に話す 動 tell
□一員 名 member
□（背が）高い 形 tall
□パフォーマンス 名 performance
□一生懸命に 副 hard
□俳優 名 actor
□勝つ 動 win
□知っている 動 know

✓重要文チェック 日本語を見て英文が言えるようになりましょう。

[Lesson 3]

□ケンタは野球をします。 Kenta **plays** baseball.
□彼はテニスをしません。 He **doesn't** **play** tennis.
□ケンタはテニスをしますか。 **Does** Kenta **play** tennis?
――はい，します。／いいえ，しません。 ― **Yes**, he **does**. / **No**, he **doesn't**.
□私はテニスが好きです。 **I** like tennis.
□母はよく私とテニスをします。 My mother often plays tennis with **me**.
□私はブラジル出身です。 I **come** **from** Brazil.
□私はサッカーが大好きです。 I **like** soccer **very** **much**.
□私は週末に自転車に乗って買い物に行きます。 I go shopping on my bike **on** **weekends**.
□彼はたくさんの花を持っています。 He has **a** **lot** **of** flowers.
□彼らは彼らの趣味，たとえば，料理や盆栽を楽しんでいます。 They enjoy their hobbies, **for** **example**, cooking and bonsai.

Lesson 4 Our Summer Stories ~Tips ① for Writing

教 pp.51～60

重要語チェック 英単語を覚えましょう。

[Lesson 4]

□夕方，晩	名 evening
□その代わりに	副 instead
□難しい，困難な	形 difficult
□～すぐに，じきに	副 soon
□まさに	副 just
□戻って，帰って	副 back
□～の間に	前 during
□滞在(たいざい)する，とどまる	動 stay
□更新(こうしん)する	動 update
□親，(複数形で)両親	名 parent
□来る	動 come
□～を組み立てる	動 build
□眠(ねむ)る，寝る	動 sleep
□この前の	形 last
□(時間の)分	名 minute
□～毎に，すべての	形 every
□怖(こわ)い，恐ろしい	形 scary
□午前	副 a.m.
□～と[を]言う	動 say
□～を襲(おそ)う	動 attack
□幸運な	形 lucky
□午後	副 p.m.
□景色(けしき)	名 view

重要文チェック 日本語を見て英文が言えるようになりましょう。

[Lesson 4]

□私はかき氷を食べました。	I ate shaved ice.
□それはとてもおいしかったです。	It was delicious.
□私は焼きそばを食べませんでした。	I didn't eat fried noodles.
□あなたは夏休みの間，日本にいましたか。――はい，いました。／いいえ，いませんでした。	Were you in Japan during the summer vacation? ― Yes, I was. / No, I wasn't.
□あなたはアメリカに帰りましたか。――はい，帰りました。／いいえ，帰りませんでした。	Did you go back to America? ― Yes, I did. / No, I didn't.
□久しぶり！	Long time no see!
□あなたはシンガポールに帰りましたか。	Did you go back to Singapore?
□私たちはそれをたくさん楽しみました。	We enjoyed it a lot.
□私たちはテントを組み立てて昨夜，その中で寝ました。	We built a tent and slept in it last night.

Reading ① Fox and Tiger

教 pp.61～64

重要語チェック 英単語を覚えましょう。

[Reading ①]

□キツネ	名 fox
□～を見つける	動 find
□彼を[に]	代 him
□たやすい，簡単な	形 easy
□～を信じる	動 believe
□みんな	代 all
□離(はな)れて	副 away
□～について来る[行く]	動 follow
□すぐに	副 quickly
□tellの過去形	動 told
□いくつかの	形 several
□あとで	副 later
□これらの	形 these
□私たちを[に]	代 us
□ふるまう	動 act
□～にたのむ	動 ask
□風邪(かぜ)	名 cold
□ひとりで	副 alone
□起こる	動 happen
□彼自身	代 himself
□うそつき	名 liar
□待つ	動 wait
□～をだます	動 trick
□恐(おそ)れて	形 afraid
□ただ1人の	形 only

重要文チェック 日本語を見て英文が言えるようになりましょう。

[Reading ①]

□ある日，トラはキツネを見つけて彼を襲(おそ)います。	One day Tiger finds Fox and attacks him.
□動物たちがみんな逃(に)げ出すよ。	The animals all run away.
□お前の言うとおりだ！	You're right!
□わかった？	See?
□近ごろでは，キツネはいつもトラといっしょにいるんだ。	Fox is always with Tiger these days.
□ある日トラは風邪(かぜ)をひきます。	One day Tiger catches a cold.
□キツネは動物たちの方へ歩いて行きますが，だれも逃(に)げ出しません。	Fox walks to the animals but no one runs away.
□動物たちは君を恐(おそ)れているんだ。	Animals are afraid of you.
□やはり，キツネはぼくのただ1人の友だちなんだ。	After all, Fox is my only friend.

Lesson 5 School Life in Two Countries ~Tips ② for Listening

教 pp.65～74

重要語チェック 英単語を覚えましょう。

[Lesson 5]

□毎日の 形 daily
□短い休み 名 break
□皆(みな)さん，みんな 代 everybody
□芝生(しばふ) 名 lawn
□休み，休憩(きゅうけい) 名 recess
□1番目の，最初の 形 first
□(学校の)時限 名 period
□おしゃべりをする 動 chat
□ベンチ 名 bench
□～を持ってくる 動 bring
□同級生，クラスメート 名 classmate
□異なった，いろいろな 形 different
□もの，こと 名 thing
□だれか，ある人 代 someone
□競争する 動 compete
□賞 名 prize
□～のうしろの[に] 前 behind
□～にえさをやる 動 feed
□～(の中)に，～で 前 in
□～のそばに[で] 前 by
□～(の上)に 前 on
□～の近くに 前 near
□～で，～に 前 at

重要文チェック 日本語を見て英文が言えるようになりましょう。

[Lesson 5]

□私たちは今，午前の軽食をとっています。
We are having a morning tea now.

□アヤは歌っていますか。
——はい，歌っています。／いいえ，歌っていません。
Is Aya singing?
— Yes, she is. / No, she isn't.

□彼女は何を歌っていますか。
——彼女は「マイ・バラード」を歌っています。
What is she singing?
— She is singing "My Ballad."

□私たちは1時限目のあと，30分間の休憩(きゅうけい)があります。
We have recess for 30 minutes after first period.

□私たちは賞を競います。
We compete for a prize.

□それはすばらしい。
That's great.

教 pp.65~74

重要文チェック 日本語を見て英文が言えるようになりましょう。

□少年が机のそばに立っています。	A boy is standing by the desk.
□彼はケースからCDを取り出しているところです。	He is taking a CD out of the case.
□私は今，音楽室の中にいます。	I'm in the music room now.
□３人の少女がピアノのそばで歌っています。	Three girls are singing by the piano.
□少年が机をふいています。	A boy is cleaning the desk.
□少年が床(ゆか)をモップがけしています。	A boy is mopping the floor.
□彼女はフラスコを洗っています。	She is washing the flasks.
□だれかが壁(かべ)にポスターをはっています。	Someone is putting a poster on the wall.
□少女が魚にえさをやっています。	A girl is feeding the fish.
□窓のところで，少女が手をふっています。	A girl at the window is waving her hand.
□ギターが彼の近くの机の上にあります。	A guitar is on the desk near him.
□タロウはテレビを見ています。	Taro is watching TV.
□タロウとジロウはテニスをしています。	Taro and Jiro are playing tennis.
□タロウは本を読んでいません。	Taro is not reading a book.
□タロウは本を読んでいますか。	Is Taro reading a book?
□タロウは何を読んでいるのですか。	What is Taro reading?
□タロウは何をしているのですか。	What is Taro doing?

Lesson 6 Lunch in Chinatown ~Useful Expressions

教 pp.75～85

重要語チェック 英単語を覚えましょう。

[Lesson 6]

□～を注文する	動 order
□門	名 gate
□色彩豊かな，カラフルな	形 colorful
□看板，標識	名 sign
□どちらの，どの	形 which
□～を勧(すす)める	動 recommend
□なぜなら～	接 because
□それの	代 its
□いっぱいの，満腹で	名 full
□何もかも，すべてのもの	代 everything
□両方	代 both
□あなたのもの	代 yours
□私のもの	代 mine
□それでは，それじゃ	副 then
□だれの	形 whose
□電話	名 phone
□takeの過去形	動 took
□料理，皿	名 dish
□取る	動 take
□ブログ	名 blog
□アップロードする	動 upload
□見事な	形 amazing
□プレゼント	名 present

重要文チェック 日本語を見て英文が言えるようになりましょう。

[Lesson 6]

□どのレストランがお勧(すす)めですか。	Which restaurant do you recommend?
――このレストランがお勧(すす)めです。	―― I recommend this restaurant.
□なぜあのレストランを勧(すす)めるのですか。	Why do you recommend that restaurant?
――なぜならそこの春巻きがとてもおいしいからです。	―― Because its spring rolls are delicious.
□だれがマンゴー・プリンをほしいですか。	Who wants mango pudding?
――私です。	―― I do.

教 pp.75~85

重要文チェック 日本語を見て英文が言えるようになりましょう。

□これはだれの電話ですか。	Whose phone is this?
——それは私のものです。／それは私のものではありません。	— It's mine. / It's not mine.
□両方注文してもいいですか。	Can I order both?
□どのくらいよく写真をアップロードしますか。	How often do you upload pictures?
□私は1週間に2回，テニスをします。	I play tennis twice a week.
□私の父は1か月に3回ゴルフをします。	My father plays golf three times a month.
□どの季節が好きですか。	Which season do you like?
□どちらがあなたのノートですか。	Which is your notebook?
□だれがあなたの担任の先生ですか。	Who is your homeroom teacher?

[Useful Expressions]

□ご注文をおうかがいしてもよろしいですか。	May I take your order?
——もちろんです。	— Sure.
□何になさいますか。	What would you like?
——私は肉まんをいただきたいのですが。	— I'd like a meat bun.
□お飲み物はいかがですか。	Would you like a drink?
——グラス1杯のウーロン茶をお願いします。	— I'd like a glass of Oolong tea.
□承知しました。	All right.

Lesson 7 Symbols and Signs ～ Project 1

教 pp.87～97

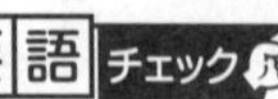

英単語を覚えましょう。

[Lesson 7]

□記号，象徴	名 symbol
□～を意味する	動 mean
□みやげ	名 souvenir
□隣人	名 neighbor
□～させる	動 let
□クラゲ	名 jellyfish
□～から(離(はな)れて)	副 off
□考え	名 idea
□くつろぐ	動 relax
□getの過去形	動 got
□温泉	名 hot spring
□節約する	動 save
□お金	名 money
□～を暗記する	動 memorize
□スピーチ	名 speech
□～を終える	動 finish
□明日	副 tomorrow
□働く	動 work
□～まで	前 until
□～に答える	動 answer
□準備ができた	形 ready
□休む	動 rest
□区域，地域	名 area
□横断する	動 cross
□運転手	名 driver
□～しなければならない	助 must
□ゆっくり	副 slowly
□～を向上させる	動 improve
□コミュニケーション能力	名 communication skill
□世界的な，地球上の	形 global
□社会	名 society
□～を学ぶ	動 learn
□言語，ことば	名 language
□絵文字	名 pictogram
□オリンピック(の)	名形 Olympic
□創作する	動 create
□来訪者，来園者	名 visitor
□〔be able to ～で〕～できる	形 able
□救急の	形 first-aid
□簡単に，やさしく	副 easily
□重要な，大切な	形 important
□安全	名 safety
□非常口	名 emergency exit
□パラリンピック	名 Paralympic

教pp.87～97

✓重要文チェック 日本語を見て英文が言えるようになりましょう。

[Lesson 7]

□あなたは靴を脱がなければなりません。	You **have to** take off your shoes.
□あなたは靴を靴箱に入れる必要はありません。	You **don't have to** put your shoes into the shoe box.
□私は今週一生懸命に勉強しなければなりません。	I **must** study hard this week.
□私はテレビゲームをしてはいけません。	I **mustn't** play video games.
□始めてもいいですか。	**May I** start?
□ボブはあなたを助けてくれるかもしれません。	Bob **may** help you.
□彼は難しい英語の本を読むことができます。	He **is able to** read difficult English books.
□ええと。	**Let me see**.
□私たちはこの場所で服を脱がなければなりません。	We have to **take off** our clothes in this place.
□わかりません。	**I have no idea**.
□わかった。	**I got it**.
□そのとおりです。	**Right**.
□ほんの冗談だよ。	**I was just kidding**.
□(返事で)いいえ。	**Not really**.
□1964年に日本オリンピック委員会が初めてたくさんの絵文字を作りました。	In 1964, the Japanese Olympic Committee created many pictograms **for the first time**.
□たとえば，緑はふつう安全を表します。	For example, green usually **stands for** safety.
□あなたは学校に遅れてはいけません。	You must not **be late for** school.

[Project 1]

□かき氷を食べ過ぎないでください。	Don't **eat** shaved ice **too much**.

Reading ② An Old Woman and a Dog

教pp.98～100

重要語チェック 英単語を覚えましょう。

[Reading ②]

□女性 名woman
□のどがかわいた 形thirsty
□～の中に 前into
□足 名foot
□～を買う 動buy
□buyの過去形 動bought
□グラス 名glass
□クッキー 名cookie
□sitの過去形 動sat
□となりの 形next
□静かな 形quiet
□(否定文で)何も(～ない) 代anything
□思う，考える 動think
□thinkの過去形 動thought
□さびしい 形lonely
□sayの過去形 動said
□～の内側に 前inside
□答える 動reply
□～をかむ 動bite
□人に慣(な)れた 形tame
□～さえ 副even
□(手を)差し出す 動reach
□biteの過去形 動bit
□跳(と)ぶ 動jump
□叫(さけ)ぶ 動scream

重要文チェック 日本語を見て英文が言えるようになりましょう。

[Reading ②]

□彼女はコーヒー店の中へ入りました。
She went into a coffee shop.

□小さなイヌが彼女の足元にいました。
A small dog was at her feet.

□メグはグラス１杯のジュースとクッキーを何枚か買いました。
Meg bought a glass of juice and some cookies.

□彼女は年老いた女性のとなりのテーブルに座(すわ)りました。
She sat down at the table next to the old woman.

□彼女は長い間，何も言いませんでした。
She didn't say anything for a long time.

□メグは跳(と)び上がりました。
Meg jumped up.

Lesson 8 Holiday in Hokkaido ~Tips ④ for Listening

教pp.101～110

重要語チェック 英単語を覚えましょう。

[Lesson 8]

□計画	名 plan
□小学校	名 elementary school
□引っ越す	動 move
□おば	名 aunt
□カメラ	名 camera
□場所，名所	名 spot
□雪が降る	動 snow
□明日	副 tomorrow
□場面，場所	名 scene
□ねえ	間 hey
□宝石，貴金属類	名 jewelry
□氷	名 ice
□日の出	名 sunrise
□(否定文で)まだ(～ない)	副 yet
□現れる，見えてくる	動 appear
□わずかしかない，ほとんどない	形 few
□湿度(しつど)の高い	形 humid
□暖かい	形 warm

□着く，到着する	動 arrive
□道，方法，やり方	名 way
□違い	名 difference
□～の間に	前 between
□～すべきである，～したほうがよい	助 should
□記事	名 article
□(動物園の)飼育係	名 zookeeper
□事態，状況	名 situation
□drawの過去形	動 drew
□スケッチ	名 sketch
□展示	名 display
□自然の	形 natural
□ふるまい	名 behavior
□飛ぶ	動 fly
□環境	名 environment
□真実の，本当の	形 true
□施設	名 facility
□村	名 village
□非常に大きい，巨大な	形 huge
□囲い，かご	名 cage

教pp.101～110

重要文チェック 日本語を見て英文が言えるようになりましょう。

[Lesson 8]

□あなたは北海道で何をする予定ですか。 ――私たちはその動物園を訪れる予定です。	What are you going to do in Hokkaido? ― We are going to visit the zoo.
□明日は雪が降るでしょう。	It will snow tomorrow.
□私は明日テニスをする予定です。	I'm going to play tennis tomorrow.
□あなたは明日テニスをする予定ですか。	Are you going to play tennis tomorrow?
□明日は雨が降るでしょう。	It will be rainy tomorrow.
□明日は雪が降らないでしょう。	It won't snow tomorrow.
□あなたはこの本を読むべきです。	You should read this book.
□はい，もちろんです。	Yes, of course.
□それは数週間したら現れるでしょう。	It will appear in a few weeks.
□ところで，あなたは古い動物園と新しい旭山動物園との間の違いを知っていますか。	By the way, do you know the differences between the old zoo and the new Asahiyama Zoo?
□1997年に彼らの夢はついに実現しました。	In 1997, their dream came true at last.
□訪問者は非常に大きな檻(おり)の中に入ることができ，たくさんの種類の鳥を見ることができます。	Visitors can get into a huge cage and see many kinds of birds.

Lesson 9 Helping the Planet ～ Project 2

教 pp.111～121

英単語を覚えましょう。

[Lesson 9]

□〔theをつけて〕地球	名 planet
□環境(かんきょう)の	形 environmental
□問題	名 problem
□～に見える	動 look
□～を終える	動 finish
□(時間的に)遅(おそ)く	副 late
□～を選ぶ	動 choose
□地球温暖化	名 global warming
□重大な，深刻な	形 serious
□気候	名 climate
□どこでも，いたるところで	副 everywhere
□地球	名 earth
□溶(と)ける	動 melt
□さらに	副 also
□海水面	名 sea level
□島	名 island
□消える，見えなくなる	動 disappear
□将来，未来	名 future
□節約する	動 save
□エネルギー	名 energy
□生活	名 life
□設定する	動 set
□温度	名 temperature
□エアコン	名 air conditioner
□度	名 degree
□つるす	動 hang
□湿(しめ)った	形 wet
□タオル	名 towel
□湿度(しつど)，湿気	名 humidity
□上がる	動 rise
□感じる	動 feel
□暖かい	形 warm
□大学	名 college
□照明	名 light
□～を再利用する	動 reuse
□表	名 table
□～を示す，見せる	動 show
□量	名 amount
□ごみ	名 trash
□グラフ	名 graph
□～を燃やす	動 burn
□パーセント	名 percent
□～を再利用する	動 recycle
□余地，空き場所	名 room
□ごみ埋(う)め立て地	名 landfill
□生み出す，つくり出す	動 produce
□ごみ箱	名 trashcan
□通り	名 street
□賛成する，同意する	動 agree
□減少させる	動 reduce

教 pp.111～121

重要文チェック 日本語を見て英文が言えるようになりましょう。

[Lesson 9]

□あなたは眠そうに見えます。	You look sleepy.
□それは怖(こわ)そうに聞こえます。	That sounds scary.
□私の家にはエアコンがあります。	There is an air conditioner in my house.
□私の学校にはたくさんのエアコンがあります。	There are a lot of air conditioners in my school.
□あなたの家にはピアノがありますか。	Is there a piano in your house?
──はい，あります。／いいえ，ありません。	── Yes, there is. / No, there isn't.
□あなたの家にはたくさんのマンガ本がありますか。	Are there many comic books in your house?
──はい，あります。／いいえ，ありません。	── Yes, there are. / No, there aren't.
□あなたのクラスには男子が何人いますか。	How many boys are there in your class?
□この市には図書館がいくつありますか。	How many libraries are there in this city?
□今日では，どの家庭にも少なくとも1台のエアコンがあります。	There is at least one air conditioner in every home today.
□私はしょっちゅう電気を消します。	I often turn off lights.
□他方では，シンガポールはごみの38%を燃やしています。	On the other hand, Singapore burns 38 percent of its trash.

Reading ③ The Golden Dipper

教pp.122～125

重要語チェック 英単語を覚えましょう。

[Reading ③]

□金の	形 golden
□ひしゃく	名 dipper
□前に	副 ago
□乾く	動 dry
□死ぬ	動 die
□(のどの)渇き	名 thirst
□どこにも	副 anywhere
□落ちる	動 fall
□草	名 grass
□驚いた	形 surprised
□興奮した，わくわくした	形 excited
□十分な	形 enough
□与える	動 give
□～になる	動 become
□銀	名 silver
□手渡す	動 hand
□いずれにせよ	副 anyway
□よりよく	形 better
□同じ	形 same
□とうとう	副 finally
□突然	副 suddenly
□見知らぬ人	名 stranger
□～を差し出す	動 offer
□空	名 sky
□〔theをつけて〕北斗七星	名 Big Dipper

重要文チェック 日本語を見て英文が言えるようになりましょう。

[Reading ③]

□多くの人々と動物がのどの渇きから死にました。	Many people and animals died of thirst.
□ある夜，小さな少女が家から出てきました。	One night, a little girl came out of her house.
□彼女は水を探しました。	She looked for water.
□彼女は疲れて，眠りに落ちました。	She got tired and fell asleep.
□少女は目を覚ましました。	The girl woke up.
□ひしゃくはきれいな真水でいっぱいでした。	The dipper was full of clean, fresh water.
□少女はひしゃくを家に持ち帰りました。	The girl brought the dipper home.
□あなた自身がそれを飲みなさい。	You'd better drink it yourself.
□彼女はひしゃくを少女に返しました。	She gave the dipper back to the girl.
□同時に，銀のひしゃくは金になりました。	At the same time, the silver dipper became golden.
□見知らぬ人が水を求めました。	A stranger asked for some water.

Further Reading The Letter

教 pp.126~130

重要語チェック 英単語を覚えましょう。

[Further Reading]

□前方	名 front
□ポーチ	名 porch
□カエル	名 frog
□~にそって	前 along
□問題	名 matter
□郵便物	名 mail
□これまでに	副 ever
□送る	動 send
□郵便受け	名 mailbox
□空(から)の	形 empty
□いっしょに	副 together
□何か	代 something
□一片	名 piece
□紙	名 paper
□書く	動 write
□封筒	名 envelope
□窓	名 window
□まだ	副 still
□うれしい	形 glad

重要文チェック 日本語を見て英文が言えるようになりましょう。

[Further Reading]

□どうしたの。	What is the matter?
□1度もない?	Not ever?
□彼は鉛筆と1枚の紙を見つけました。	He found a pencil and a piece of paper.
□すぐに。	Right away.
□きみは起きてもうしばらく郵便物を待たなければいけないね。	You have to get up and wait for the mail some more.
□どうして君はずっと窓の外を見ているの?	Why are you looking out of the window all the time?
□きみがぼくの親友でぼくはうれしいよ。	I am glad that you are my best friend.
□カエル君とガマくんは長い間,待ちました。	Frog and Toad waited for a long time.
□4日後にカタツムリはガマくんの家に到着しました。	Four days later the snail got to Toad's house.
□ガマくんはそれをもらってとてもうれしかったです。	Toad was very pleased to have it.